KB127312

_____ 님의 소중한 미래를 위해

이 책을 드립니다.

주식 초보자가
가장 알고 싶은
재무제표 최다질문
TOP52

주식투자에 꼭 필요한 재무제표만 담았다

주식 초보자가 가장 알고 싶은 재무제표 최다질문 TOP 52

양대천 지음

메이트북스

메이트북스 우리는 책이 독자를 위한 것임을 잊지 않는다.
우리는 독자의 꿈을 사랑하고,
그 꿈이 실현될 수 있는 도구를 세상에 내놓는다.

주식 초보자가 가장 알고 싶은 재무제표 최다질문 TOP 52

초판 1쇄 발행 2021년 9월 17일 | **지은이** 양대천
펴낸곳 ㈜원앤원콘텐츠그룹 | **펴낸이** 강현규 · 정영훈
책임편집 오희라 | **편집** 안정연 · 유지윤 | **디자인** 최정아
마케팅 김형진 · 이강희 · 차승환 · 김예인 | **경영지원** 최향숙 | **홍보** 이선미 · 정채훈
등록번호 제301-2006-001호 | **등록일자** 2013년 5월 24일
주소 04607 서울시 중구 다산로 139 랜더스빌딩 5층 | **전화** (02)2234-7117
팩스 (02)2234-1086 | **홈페이지** blog.naver.com/1n1media | **이메일** khg0109@hanmail.net
값 18,000원 | ISBN 979-11-6002-346-6 03320

잘못 만들어진 책은 구입하신 서점에서 교환해 드립니다.
이 책을 무단 복사·복제·전재하는 것은 저작권법에 저촉됩니다.

주식을 평가하는 최선의 방법은
해당 기업의 현금 흐름을 분석하는 것이다.

• 세스클라만(바우포스트 그룹 CEO) •

주식투자자들에게
사막의 오아시스 같은 책!

박세익 _ 체슬리자문 대표이사·전무

주식투자의 본질은 첫째, 대중이 인지하지 못하고 있는 기업가치의 변화에 대해 내 돈을 과감하게 투자하여 수익을 극대화하고, 둘째, 내가 투자하는 기업의 주가변동성으로부터 손실을 최소화하는 것이다.

이것을 쉽게 풀어 쓰면, 남들보다 빨리 기업가치 변화를 파악해 돈을 벌고, 그 기업의 주가변동성 분석을 통해 손실을 회피하는 것이다. 그렇다면 관건은 투자자들이 어떻게 기업가치 변화를 파악할 수 있으며, 또 어떻게 주가의 변동성을 미리 알 수 있는지에 있다. 결론부터 먼저 얘기하면, '내가 투자하는 기업의 재무제표 분석을 통해 이 두 가지를 모두 알 수 있다.'

재무제표에는 주식투자자들이 필요한
웬만한 자료는 다 들어 있다

재무제표는 한마디로 '회사가 투자자를 위해 제공하는 자료'다. 주식 또는 채권 투자자들이 내가 투자하는 기업의 재산 상태와 미래현금창출 능력을 알기 위해 회사에 요구하는 자료이고, 회사는 기업회계기준과 상법에 따라 성실하게 그 자료를 작성하고 공시해야 한다. 따라서 분기 또는 반기별로 제공되는 회사의 재무제표에는 채권 또는 주식투자자들이 필요로 하는 웬만한 자료들이 다 들어 있다고 해도 과언이 아니다.

내가 빌려준 원금과 이자를 2~3년 뒤에 상환할 능력이 있는지를 중요시하는 채권투자자와는 달리 주식투자자는 '기업의 현재가치와 미래가치를 반영한 적정기업가치 대비 현재 주가 수준을 비교하고, 향후 그 기업의 주가변동성을 고려'해 투자의사결정을 내리게 된다. 즉 주식투자자는 내가 투자하는 기업의 현재가치를 파악하기 위해 재무상태표를 먼저 확인하고, 그 기업의 미래가치를 파악하기 위해 해당 기업의 미래 현금 창출능력을 말해주는 손익계산서와 현금흐름표를 살펴보면서 소위 말하는 기업가치 측정, 즉 Valuation을 해야 한다. 이렇게 1차적으로 내가 투자하는 기업에 대한 밸류에이션을 먼저 해야 내가 투자하는 기업을 싸게 사서 비싸게 팔 수 있게 된다. 주식투자자들이 실패하는 가장 큰 이유는 좋은 기업을 나쁜 가격에 사기 때문이다.

투자자는 재무제표 분석을 통해 내가 투자하는 기업이 어떤 성격의 기업인지 알아야 한다. 피터 린치의 6가지 기업분류방식에 따라 내가 투자하는 기업이 고성장기업인지, 저성장기업인지, 자산주인지, 대형우량주인지,

턴어라운드 기업인지, 경기순환주인지 알아야 한다. 이렇게 투자기업의 성격이 파악되면 향후 이 기업의 주가변동성이 어떤 형태를 보일지 어느 정도 예상되고 그에 따라 투자기간과 대응전략이 수립된다.

주식투자에 꼭 필요한 재무제표, 몇 가지만 알면 됩니다!

이렇게 주식투자는 재무제표 분석으로 시작해서 재무제표 분석으로 끝난다고 해도 과언이 아니다. 하지만 회계를 배우지 못한 투자자들은 재무제표에 대한 상당한 거부감과 두려움을 갖고 있다. 익숙하지 않은 회계 용어와 난해한 재무비율, 그리고 두꺼운 감사보고서는 고등학교 수학 실력편에 나오는 미적분 문제를 다시 펼쳐 보는 느낌이 든다. 그렇게 재무제표를 외면하면서 투자를 하다 보니 출렁거리는 주가 변동성에 중심을 잡지 못하고 마음이 왔다갔다 하면서 스트레스를 받게 된다. 여기서 중심이란 무엇일까? 내가 투자하는 기업의 가치상승에 대한 확고한 믿음이다. 그 믿음이 없으니 주가 움직임에 따라 머릿속을 오고 가는 온갖 타당성 없는 희망과 절망스토리에 마음고생을 하게 된다.

양대천 교수님의 새 책 『주식 초보자가 가장 알고 싶은 재무제표 최다 질문 TOP 52』는 회계에 대한 기초지식이 없는 투자자들에게 사막의 오아시스 같은 책이다. 저자는 "주식투자자들은 회계를 공부할 필요가 없어요. 주식투자에 꼭 필요한 재무제표 몇 가지만 알면 됩니다!"라고 말한다. 그러고 보니 나도 투자할 때 반드시 체크하는 재무제표 항목들이 있는데, 그 개념이 그다지 어려운 내용들이 아니다. 어렵지는 않지만, 그 내용을 알고 투자하는 것과 모르고 투자하는 것은 천지차이다. 어떻게 보면 주식시장에서 부의 이동은 '재무제표를 모르는 사람으로부터 재무제표에 능숙한 사람에게 돈이 흘러가는 구조'라고 말해도 과언이 아닐 것 같다.

이 책은 주식투자자라면 반드시 알아야 할 재무제표 52가지에 대해서 아주 쉽고 친절하게 설명되어 있다. 재무제표 기초부터, 네이버와 Dart에서 제공하는 재무제표 사용법, 기업실적 체크하는 법, 재무제표에서 급등주 찾는 법, 나쁜 기업 피해가는 법, PER/PBR과 같은 기업가치평가 방법까지 이해하기 쉽게 설명하고 있다. 또한 이 책은 회계에 대한 기초 지식이 없는 사람들도 쉽게 배울 수 있고, 또 투자에 필요 없는 따분하고 불필요한 회계에 대한 설명 같은 것이 없다는 것도 장점이다.

우리는 '모든 운동은 기본기가 중요하다'고 말한다. 기본기를 갖추고 경기를 해야 실력이 쌓이고 소중한 경험과 노하우가 된다. 투자도 마찬가지다. 재무제표 분석은 투자의 기본기다. 재무제표 분석 없이 투자하는 것은 카지노에서 도박을 하는 것과 다를 바가 없다. 투자의 본질을 무시하고 시세의 흐름을 맞추는 도박일 뿐이다.

이 책을 통해 탄탄한 투자의 기본기를 닦아서 변화무쌍한 주식시장에서 중심을 잡고 투자하는 현명하고 행복한 투자자가 되길 바란다.

주린이에게 안성맞춤인
술술 읽히는 재무제표 교과서!

    주식투자자는 예외 없이 실적에 대해 잘 알고 싶어 합니다. 그리고 재무제표를 잘 읽고 싶어 합니다. 누구나 주식투자를 하다 보면 재무제표와 실적에 대한 독파 필요성을 간절히 느낍니다.

    그렇지만 생각만큼 재무제표와 실적을 보는 요령은 잘 체득되지 않습니다. 선뜻 재무제표가 읽히지 않게 되면, 자신이 갖고 있는 주식투자에 대한 자존감(?)은 재무제표를 아예 무시해버리도록 만듭니다.

    그럼에도 소수의 용기 있는 투자자는 주식시장이라는 예측불허의 혼전에 임해 재무제표라는 특수 병기를 갖추고자 처음부터 제대로 공부를 시작해봅니다.

    그러나 재무제표라는 걸 공부해본 사람은 알겠지만 열심히 공부한다고 해도 손에 잘 잡히지 않습니다. 아무리 특수 병기일지라도 손에도 잘 잡히지 않는다면 무용지물이 아닐까요?

손에 꽉 쥐어지지 않는 무기를 가지고 마구 휘두른다면 필연적으로 적의 몸보다 먼저 자신의 몸이 다치게 됩니다. 사실 재무제표와 실적이라는 강력한 무기는 그리 사용법이 어려운 것은 아닌데 왜 이런 망연자실한 상황이 반복되는 걸까요?

주식투자자들은 막상 재무제표를 보기가 두렵다

재무제표는 항상 '초급 회계'라는 첫 걸음부터 연마해야 한다는 고정관념이 짙습니다. 그리고 실제로도 회계를 모르면 재무제표를 볼 때 자신감이 급격히 떨어집니다. 그 속에 무언가 굉장한 퍼즐이 들어 있을 거라는 막연한 두려움일 수도 있겠습니다.

주식을 처음 대하는 주린이의 형편은 더욱 심각합니다. 주식에 대해 알아가야 할 것이 많기 때문에 재무제표와 실적에 대해 미처 관심을 가지지 못합니다. 주식용어를 익히고 증권사 HIS를 다루는 방법을 익히기에도 너무나 바쁘기 때문에 재무제표와 실적에 대해 챙긴다는 것은 상상하기 어렵습니다.

물론 대개는 주가의 급등락과 많은 시행착오에 시달리다 보면 '자신이 반드시 알아야 할 뭔가'를 빠뜨리고 있음을 뒤늦게 깨닫습니다.

주식시장이라는 대혼전에서
재무제표는 강력한 무기다

주식투자자가 재무제표를 무시해버리든, 재무제표를 잡으려 해도 잡을 수 없든, 아니면 재무제표에 대해 미처 관심조차 갖지 못하든 간에, 변하지 않는 진실 하나가 있습니다. 그것은 바로 주식시장이라는 대혼전에서 재무제표는 강력한 무기라는 것입니다!

누군가는 재무제표가 실전에서 사용될 강력한 무기라는 사실을 애써 부인하고 싶을 수도 있겠습니다. 하지만 주가는 기업의 재무제표와 실적을 분명히 대변합니다. 장사를 잘하는 기업의 주가는 오르기 마련이고, 기업이 장사를 잘하는지 여부는 재무제표를 통해서만 알 수 있습니다. 애써 재무제표를 외면하고 주식거래에만 임하겠다면 그건 전장(戰場)에서 맨몸으로도 얼마든지 이길 수 있다는 용기가 아닐까요?

필자는 재무제표와 상관없이 돈을 충분히 벌 수 있는 일부 고수들의 투자 방식에는 관심이 없습니다. 다만 이들 방식은 나름대로의 투자철학과 오랜 경험이 나은 산물이므로 존중되어야 마땅하다고 생각합니다.

그렇지만 주식투자자라면, 더구나 주린이라면 더더욱 재무제표를 보는 요령부터 알아야 합니다. 주식은 곧 실적이고 재무제표이기 때문입니다. 재무제표에 대해 충분히 알아보고 그때도 필요가 없다면 버려도 늦지 않습니다. 그렇지만 단지 재무제표를 볼 줄 모르기 때문에 무시한다면 그건 비겁한 행위일 뿐입니다.

문제는 '재무제표라는 무기를 어떻게 사용하는가?'이다

재무제표는 강력한 무기임이 분명하더라도 문제는 그걸 사용하기가 쉽지 않다는 것입니다. 어떻게 하면 그 사용법을 익힐 수 있을까요?

필자는 우선 재무제표를 공부하려는 잘못된 자세에서 벗어나야 한다고 말하고 싶습니다. 재무제표는 외국어가 아닙니다. 외국어를 공부하듯이 매일 조금씩 한다고 늘어나는 것도 아니고, 초급부터 차분히 단계별로 공부해 고급 과정까지 정복한다고 해서 주식 실전에 쉽게 사용할 수 있는 것도 아닙니다.

여러분은 누군가요? 주식투자자입니다. 그러니 주식투자자에게 맞는 재무제표 사용법을 익히면 됩니다. 따라서 외국어 공부하듯이 재무제표를 공부하지 마십시오! 마찬가지로 재무제표를 너무 복잡하게 생각하고 해독하려 하지도 말 것을 당부합니다.

필자는 이 책을 통해 치열한 주식전쟁에서 여러분을 살아남게 할 '재무제표'라는 강력한 무기의 사용법을 명쾌하게 전달하고자 합니다. 주식투자자는 먼저 재무제표에 대한 접근 요령과 주가와 관련된 재무제표의 중요 항목들을 읽는 요령을 익혀야 합니다. 다시 말해 재무제표에 제대로 접근해, 주가에 직결되는 중요한 항목들을 읽어내면 됩니다. 그러다 보면 '주식투자자는 재무제표, 이대로만 골라서 보면 된다!'는 사실을 분명히 깨닫게 될 것입니다.

이 책은 필자의 이전 책인 『재무제표를 알면 오르는 주식이 보인다』를 사랑해주신 많은 독자들의 '일반 주식투자자들이 재무제표에 보다 쉽게 접근할 수 있도록 도움을 달라'는 요구에 부합하기 위한 노력입니다. 따라서 복잡한 회계에 대한 일체의 사전 지식이 없는 주식투자자들에게, 마침내 자신이 투자하는 기업의 중요한 재무제표를 제대로 활용해 실전 투자에 적극적으로 이용할 수 있도록 도움을 줄 것입니다.

체슬리투자자문의 설립을 위해 매우 바쁘신 중에도 추천의 글을 손수 써주시고 많은 조언을 아끼지 않으신 박세익 전무님께 진심어린 감사를 드립니다.

양대천

참고자료 ─────────────────────────────

양대천, 『재무제표를 알면 오르는 주식이 보인다』, 메이트북스. 2020.
양대천, 『재무제표를 꿰뚫어보는 법』, 메이트북스, 2019.

차례

1장

주린이라면 꼭 알아야 할
재무제표 기초

2장 기업의 실적이 좋은지를 알고 싶어요

3장 돈 되는 종목을 고르고 싶어요

4장
나쁜 기업을
피해가고 싶어요

5장
주식의 저평가·고평가는
뭘 보고 판단하나요?

6장

알쏭달쏭한 회계처리들

재무제표 초보자를 위한 저자 직강 차례

재무제표 초보자들이 꼭 알아야 하거나 이해하기 어려운 내용에는 동영상 강의를 더했습니다. 독자들의 이해를 돕기 위한 저자의 동영상 강의도 놓치지 마세요!

주식을 처음 대하는 주린이는 주식에 대해 알아가야 할 것이 많기 때문에 미처 재무제표에는 관심을 갖지 못한다. 그런데 주식을 처음 접하는 투자자들이야말로 재무제표를 꼭 봐야 한다. 주린이들도 좋은 실적의 기업을 골라 장기투자한다면 남부럽지 않은 훌륭한 수익률을 낼 수 있기 때문이다. 그렇다고 해서 재무제표 공부에 귀중한 시간을 맹목적으로 소모할 필요가 없다. 대신, 주식투자자는 재무제표를 통해 주가에 영향을 줄 수 있는 중요한 항목들을 체크하는 요령을 알면 된다.

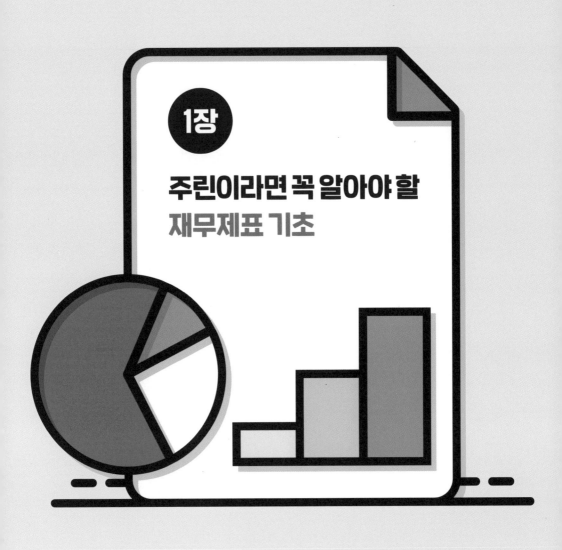

1장

주린이라면 꼭 알아야 할
재무제표 기초

질문 TOP 01
주식투자자는 왜 재무제표를 봐야 하나요?

▶ **저자직강 동영상 강의로 이해 쑥쑥**
QR코드를 스캔하셔서 동영상 강의를 보시고
이 칼럼을 읽으시면 훨씬 이해가 잘됩니다!

*이 칼럼의 저자 직강 영상은 2개입니다.

   주식투자자를 패턴으로 나눠보자면 크게는 시황예측가, 차트분석가 그리고 실적추종가로 나눌 수 있습니다. 시황예측가는 경제분석에 근거해 증권시황을 예측하고 이에 따라 투자전략을 편성하고 매매를 실행합니다. 차트분석가는 시황을 고려하되 실시간 변동되는 주가차트를 분석해 주식매매를 실행합니다. 실적추종가는 장기적으로 실적이 성장하는 기업을 선택해 실적을 추종하며 주식매매를 실행합니다.

   시황예측가는 거시경제에 대한 직관력은 물론 경제분석과 증권시황 예측을 위해 상당한 정보력을 가지고 있어야 합니다. 정보의 제약이 많은 개미투자자로서는 한계가 있습니다.

   차트분석가는 실시간으로 그 양상과 포지션이 뒤바뀌는 주가차트를 정확히 읽어내는 고도의 자신만의 기법이 필요합니다. 본질적으로 차트는 실시간으로 변동되기 때문에 그에 따라 발 빠르게 대응하다 보면 단타매매가 되기 십상입니다. 단타매매의 특성상 잦은 매매가 이루어지기 때문에 몇 번의 작은 수익을 얻더라도 단 한 번의 큰 손실에 직면하기 마련입니다.

반면 실적추종가는 장기적 실적이 성장하는 기업만 잘 선택하면 요동치는 시장 속에서도 훌륭한 수익을 거둘 수 있습니다. 물론 중요한 전제는 바로 주기적으로 발표되는 실적을 잘 관찰해야 한다는 점입니다. 즉 장기성장주를 잘 선택할 뿐만 아니라 실적을 잘 주시할 수 있어야 진정한 실적추종가가 될 수 있습니다.

재무제표가
무슨 도움이 되겠어?

주식투자자가 어떠한 패턴을 갖든 간에 매일매일의 주가에 일희일비하거나 단타에 치우치면, 가랑비에 옷이 젖듯이 자신도 모르게 손실이 눈덩이처럼 커집니다. 가령 실적이 좋은 주식을 그저 보유만 하고 있어도 계좌가 자연스레 불어나지만, 수익을 내려고 지나치게 애를 쓰다 보면 오히려 시장의 변동성에 매몰되어 계좌의 곳간이 텅빌 우려도 만만치 않습니다.

현재는 KOSPI지수가 3000을 넘는 활황이지만, 기업의 실적을 체크해 좋은 주식을 골라 장기투자한다면 지금도 늦지 않았습니다. 물론 시장 상황에 상관없이 기업 실적을 제대로 관찰한다면 어떠한 상황에서도 투자수익을 낼 수 있습니다.

무엇보다도 '재무제표가 무슨 도움이 되겠어?'라는 회의적인 시각으로 재무제표를 간과해선 안 됩니다. 결국 장사를 잘하는 기업의 주가는 지속적으로 오르기 마련이고, 이들의 실적은 재무제표에 나타날 수밖에 없습니다.

다만 좋은 실적의 기업을 잘 골랐다고 해서 끝없는 장기투자만이 능사는 아닙니다. 기업은 계속해서 영업활동*을 수행하고 있으므로, 스마트 투자자라면 분기별로 발표되는 재무제표를 꼭 챙겨보면서 분기실적*에 따라 지속적으로 주식을 보유할지를 고민해야 합니다.

영업활동

기업의 본원적인 활동인 생산, 판매 및 연구개발활동 등을 말한다

분기실적

상장기업은 매 분기말 경과 후 일정기간 내에 분기실적이 포함된 재무제표를 공시해야 한다. 많은 기업은 분기말 실적이 일단 집계되면 잠정적인 실적을 발표하기도 한다

누구보다도 주린이는
꼭 재무제표를 챙겨봐야 한다

주식을 처음 대하는 주린이는 주식에 대해 알아가야 할 것이 많기 때문에 재무제표에는 미처 관심을 갖지 못합니다. 그런데 주식을 처음 접하는 분들이야말로 재무제표를 꼭 봐야 하는 것입니다.

주린이들도 좋은 실적의 기업을 골라 장기투자한다면 남부럽지 않은 훌륭한 수익률을 낼 수 있습니다. 그런데 주린이들은 아직 경험이 부족해 시장이 흔들리거나 주식의 변동성이 커지면, 당황한 나머지 비싼 가격에 주식을 매수하거나 헐값에 주식을 매도하는 우를 범하기 쉽습니다. 더구나 짧은

지식으로 차트를 보고 단타를 한다든가 하면 큰 손실 위험에 처합니다.

그러나 재무제표를 체크해 좋은 실적의 기업을 선별한 후 기업 실적이 성장하는지를 잘 관찰하면서 주식을 장기보유하면, 시장 변동성에 흔들릴 필요 없이 편안하게 투자수익을 낼 수 있습니다.

재무제표가 처음이라도 너무 두려워할 필요가 없습니다. 재무제표 항목을 일일이 살펴보기보다는 재무제표에서 꼭 봐야 할 중요한 항목만 분기별로 체크해보면 됩니다. '주가는 결국 재무제표가 보여주는 진실에 수렴한다'는 사실을 믿고, 재무제표에서 주가와 관련된 중요한 항목만 체크해보길 권장합니다.

 재무제표 초보자를 위한 꿀팁!

재무제표를 통해 좋은 기업을 선별하고, 투자한 기업이 장사를 잘하는지를 분기별로 체크하면서 주식을 장기보유한다면 시장 변동성에 흔들릴 필요 없이 훌륭한 투자수익을 낼 수 있습니다.

도대체 재무제표가 무엇인가요?

신문기사를 봐도 유튜브 방송을 봐도 재무제표 얘기를 많이 합니다. 하지만 주식을 처음 접하는 사람들에겐 재무제표라는 말이 매우 생소하게 들립니다. 재무제표가 과연 뭐길래 그렇게들 많이 언급하는 걸까요?

재무제표를 쉽게 이해하기 위해서 우리가 카페를 오픈해서 운영한다고 생각해봅시다. 내가 가진 여윳돈이 2억원이 있는데, 자금이 부족해 은행으로부터 2억원을 대출받았습니다. 작은 매장을 취득해 인테리어를 한 후 커피머신, 키친, 매장 비품 등을 구비하고 커피의 원재료 등을 정기적으로 공급해줄 업체도 선정했습니다. 이후 아르바이트 직원 한 명을 고용해 카페 운영을 시작했습니다.

매일매일 장사를 해서 돈이 들어옵니다. 그리고 매일의 원재료 등 구입

장부

각각의 재무제표는 물론, 기업 활동에서 발생하는 회계 상의 거래를 기록·정리하기 위한 문서를 통칭한다

대금 및 아르바이트 직원 급료 등이 지급되면서 돈이 나갑니다. 매일매일 들어오는 수입과 지출이 궁금해서 이를 기록합니다. 그리고 1년간 이를 집계해보았습니다. 이렇게 매일 들어오는 수입과 지출을 1년간 기록한 것이 다름 아닌 '손익계산서'입니다. 재무제표는 여러 장부*를 통틀어서 말하지만, 그중 으뜸이 바로 매일매일의 장사를 기록한 손익계산서입니다.

재무상태표는 현재까지 재산이 얼마만큼인지를 보여준다

우리는 매일매일 장사가 잘되는지가 제일 궁금하지만, 카페를 오픈한 후 운영하면서 지금까지 내 재산이 결국 얼마만큼인지 역시 궁금합니다.

우선 카페 창업에 얼마가 들었는지를 보면, 내 여윳돈 2억원과 은행에서 대출받은 돈 2억원을 합하면 총 4억원이 들어갔습니다. 그 돈으로 매장을 취득하고 각종 시설 및 장비를 구입했으므로 이들의 재산가치는 4억원이라고 봐도 무방합니다. 따라서 매장, 시설 등을 합한 총 4억원의 카페 재산가치에서 은행차입금 2억원을 뺀 2억원이 나의 순수한 재산입니다.

이후 장사를 시작해 1년 동안 커피를 팔아서 2억원을 벌고, 각종 비용으로 1억원이 소요되었

이익

각종 수익에서 관련된 비용을 공제한 차액인데, 매출총이익, 영업이익, 당기순이익 등 다양한 단계별 이익이 있다. 통상 이익을 지칭할 때 당기순이익을 의미한다

다고 합시다. 1년 동안 수입에서 지출을 빼면 1억원을 남긴 셈입니다. 즉 1억원의 이익*을 남겼습니다. 이는 손익계산서에 1억원의 이익으로 기록됩니다.

재무상태표

특정 시점 현재 경제적 가치를 가진 자산과 함께 부채 및 자본(경제적 의무)에 대한 정보를 보고하는 보고서를 말한다

이렇게 벌어들인 1억원의 현금을 포함하면 카페의 총재산가치는 기존의 4억원에서 5억원으로 증가되고, 은행차입금 2억원은 그대로 있으므로, 내 순수한 재산은 3억원이 됩니다. 이렇게 카페 재산가치, 은행차입금, 내 순수한 재산을 기록한 것이 바로 재무제표 중에서 '재무상태표'*가 됩니다.

결국 얼마를 벌고 있는지, 그래서 현재 재산이 얼마인지를 보여준다

재무제표에 대한 막연한 두려움을 가질 필요가 없습니다. 재무제표의 양대 산맥은 '손익계산서'와 '재무상태표'입니다. 이 두 장부는 각각 장사를 해서 얼마를 벌었는지, 지금 순수한 재산이 얼마인지를 보여줍니다. 다시 말해 손익계산서는 우리가 장사를 해서 매일매일 남기는 이익을 보여줍니다. 재무상태표는 이러한 이익을 포함해 어느 시점에서의 총재산가치를 보여줍니다. 여기에 은행차입금 등 부채*를 빼면 순수한 내 재산을 알 수 있습니다.

상장기업*들이 발표하는 재무제표도 이와

부채

기업이 채권자 등으로부터 자금 등을 차입하면서 갖게 되는 금전 상의 상환의무를 말한다

상장기업

거래소 및 코스닥 시장에 주식이 상장되어 거래되고 있는 기업을 말한다

크게 다르지 않습니다. 손익계산서를 보면 기업이 한 해 동안 얼마를 벌었는지를 바로 알 수 있습니다. 또한 재무상태표를 보면 이렇게 한 해 동안 이익을 포함해 총재산가치가 얼마인지, 갚아야 할 부채가 얼마인지를 알 수 있습니다. 그래서 총재산가치에서 부채를 빼면 기업의 순수한 재산이 됩니다.

카페운영과 기업운영은 그 본질에 있어서는 별반 다르지 않습니다. 카페운영과 동일하게, 기업이 매년 벌어들이는 돈에서 나가는 돈을 차감한 순수한 이익을 보여주는 게 손익계산서입니다. 또한 기업이 원래 가진 재산에서 매년 벌어들인 이익을 합해 총재산을 보여주고, 부채를 빼면 이것이 기업의 순수한 재산이 됩니다.

그런데 재무제표에는 손익계산서, 재무상태표만 있는 것은 아닙니다. 그 이외에 현금흐름표*, 자본변동표*, 주석 등이 더 있습니다. 재무제표에서 가장 기본적인 2개의 장부가 손익계산서와 재무상태표일 뿐입니다. 개인투자자는 손익계산서, 재무상태표에 나아가 현금흐름표와 주석까지 참고하면 좋습니다.

현금흐름표

기업의 활동을 영업활동·투자활동·재무활동으로 구분해, 해당 구분에 따라 현금유입과 현금유출을 각각 보여준다

다음은 결론입니다. 재무제표의 양대 산맥은 손익계산서와 재무상태표입니다. 이 두 장부는 각각 기업이 사업을 하면서 얼마를 벌었는지, 지금 현재의 재산이 얼마인지를 보여줍니다. 즉, 손익계산서는 기업이 장사를 해서 매일매일 남기는 이익을 보여줍니다. 재무상태표

자본변동표

특정 회계기간 동안 자본의 변동 내역을 기록한 보고서를 말한다

는 이러한 이익을 포함해 기말 현재 시점에서의 총재산가치를 보여줍니다. 재무제표에는 손익계산서와 재무상태표 이외에도 현금흐름표, 자본변동표, 주석 등이 더 있는데, 이중 주식투자자는 현금흐름표와 주석을 함께 챙겨봐야 합니다. 현금흐름표와 주석을 보는 요령도 차츰 살펴보기로 합시다.

재무제표 초보자를 위한 꿀팁!

손익계산서를 보면 기업이 한 해 동안 얼마를 벌었는지를 알 수 있습니다. 재무상태표를 보면 총재산이 얼마가 되었는지, 갚아야 할 부채가 얼마인지를 알 수 있습니다. 결국 총재산에서 부채를 빼면 주인(주주)의 순수한 재산(자본)이 됩니다.

질문
TOP
03

주린이인데 재무제표를
얼마나 알아야 할까요?

▶ 저자직강 동영상 강의로 이해 쑥쑥
QR코드를 스캔하셔서 동영상 강의를 보시고
이 칼럼을 읽으시면 훨씬 이해가 잘됩니다!

애널리스트

증권사 등에 소속되어 일반경제 동향, 산업동향 및 상장기업의 재무상태, 경영실적 등을 분석하여 해당 회사나 고객, 또는 공개적으로 정보를 제공하는 전문가를 말한다

주린이는 재무제표만 생각하면 도대체 어디서부터 접근해야 할지 막막합니다. 그럼 이렇게 생각해봅시다.

주식시장에서 각 기업이 발표하는 실적에 관심이 많은 건 쉽게 알 수 있습니다. 각 증권사마다 많은 애널리스트*들이 있는 이유가 기업들의 실적을 분석하고 향후 실적을 예측하기 위한 것이라 해도 과언이 아닙니다. 그러니 주식투자자도 우선은 자신이 관심을 갖는 기업의 실적을 보는 법을 알아야 할 것입니다.

실적을 얘기하기에 앞서 실적이 무엇인지 그리고 재무제표가 무엇인지

도통 애매할 것입니다. 정확히 정해진 건 없지만, 실적이란 손익계산서에 나타나는 매출액, 영업이익* 및 당기순이익*에 대해 말한다고 할 수 있습니다. 그러한 실적은 재무제표 속에 들어 있는 정보입니다. 재무제표는 비단 매출액과 이익 등의 실적정보 말고도 기업에 관한 아주 다양한 정보가 포함되어 있습니다.

흔히 '재무제표가 뒷북(?)'이라고 주장하는 분들은 사실 재무제표를 읽어보지 않는 분들일 수 있습니다. 재무제표는 기업이 장사를 잘하고 있는지, 그리고 앞으로도 계속 잘할 수 있

영업이익

기업의 영업활동을 통해 벌어들인 수익에서 관련된 비용을 차감한 이익으로, 매출액에서 매출원가와 판매관리비를 차감하여 산정한다

당기순이익

기업이 일정기간 동안 벌어들인 이익으로, 모든 수익에서 관련된 비용을 차감한 금액을 말한다

는지에 대한 모든 팩트가 담겨 있습니다. 그런데 많은 투자자들이 '실적이 좋았다 혹은 나빴다'라는 뉴스 상의 말만 주워 담습니다. 재무제표 상의 중요한 팩트는커녕 최소한의 실적조차도 확인하지 않는 게 현실입니다.

재무제표를 통해
장사를 잘하고 있는지만 체크하면 된다

주식투자자는 매출액과 이익 등 실적을 포함해 기업이 장사를 잘하고 있는지만 체크하면 됩니다. 재무제표에는 이러한 실적뿐만 아니라 기업에 관한 많은 팩트와 정보가 있다고 했습니다. 주식투자자는 자신에게 필요한 내용만을 재무제표에서 확인하면 됩니다.

계정

회계장부에서 자산·부채·자본·수익·비용 등의 구성 부분에 대한 가치 증감을 기록 및 계산하는 특수한 형식을 말한다

회계처리

기업의 각 경제적 사건과 거래에 대해 회계기준과 회계방침에 따라 재무제표를 만드는 각종 절차를 말한다

그러나 재무제표에 접근하고 싶은 투자자들도 막상 재무제표를 맞닥뜨리면 막연히 어려워합니다. 재무제표를 보려면 많은 공부가 필요하다고 생각해 쉽게 접근하지 못하는 실정입니다. **그러다 재무제표를 공부해보려고 비장한 마음을 가집니다. 이후 회계원리부터 시**작해 학습의 대장정을 각오합니다.

회계학습의 대장정을 마친 투자자이든 중도에 포기한 투자자이든 재무제표를 대하게 되면, 마치 회계 공부하는 방식으로 재무제표를 보기 시작합니다. 나아가 심지어 공인회계사처럼 마치 회계부정이나 오류를 발견해야 할 것 같은 마음으로 재무제표를 살펴봅니다. 예를 들면 재무제표의 하나인 재무상태표를 보면서 세부 계정*과목 하나 하나의 의미를 곱씹어 보고, 어떻게 회계처리*가 된 것인지 그 과정까지 알고자 합니다. 왜냐하면 그동안 회계공부한 방식이 그렇기 때문입니다.

재무제표 각 항목을
샅샅이 이해하면 뭐가 달라?

백화점에 나열된 상품들을 샅샅이 살펴보듯이, 재무제표의 각 항목들을 조목조목 이해했다 칩시다. 그렇게 이해하면 과연 내가 투자할 주식의 주가

가 보일까요? 실제로 재무제표의 각 항목들을 일일이 살펴보거나 곱씹어본다고 해도 머릿속에 남는 것은 없습니다. 아마 그렇게 많은 노력을 거친 후에도 재무제표에서 얻을 것이 없다고 느끼는 분들이 재무제표 무용론(?)을 소리 높여 주장하게 될 수도 있습니다.

주식투자자는 '재무제표 보는 법'을 얼마나 알아야 할까요? 답은 의외로 간단합니다. 재무제표 공부에 귀중한 시간을 소모하는 대신에, 주가에 영향을 줄 수 있는 중요한 항목들을 체크하면 그만입니다.

필자는 주식투자자들이 꼭 체크해야 할 재무제표의 중요항목을 4개의 그룹으로 나누어 제시할 계획이니, 그 항목들에 차츰 접근하면 됩니다. 중요항목부터 접근하기 이전에 우선 재무제표에 대한 기본적으로 알아야 할 사항부터 차근차근 이해해봅시다.

재무제표의 중요한 항목을 잘 체크해 '장사를 잘하는 기업'을 선별한 후, 기업 실적이 성장하는지를 잘 관찰한다면 주린이도 시장 변동성에 흔들릴 필요 없이 편안하게 투자수익률을 올릴 수 있습니다. 재무제표가 처음이라도 너무 두려워할 필요가 없습니다. 재무제표 항목을 일일이 살펴보기보다는, 꼭 봐야 할 중요한 항목만 체크해보는 방식으로 재무제표를 보면 됩니다.

 재무제표 초보자를 위한 꿀팁!

재무제표 공부에 귀중한 시간을 맹목적으로 소모할 필요가 없습니다. 그 대신 주식투자자는 주가에 영향을 줄 수 있는 중요한 항목만을 체크하면 그만입니다.

질문 TOP 04

재무제표는 주로 어떤 점을 중점적으로 봐야 하나요?

▶ 저자직강 동영상 강의로 이해 쑥쑥

QR코드를 스캔하셔서 동영상 강의를 보시고 이 칼럼을 읽으시면 훨씬 이해가 잘됩니다!

*이 칼럼의 저자 직강 영상은 2개입니다.

　　주식투자자는 재무제표를 통해 기업이 장사를 잘하고 있는지만 체크하면 된다고 했습니다. 소위 매분기 그리고 매년말 발표되는 실적이나 재무제표에 그러한 정보가 담겨 있습니다.

　　기업이 장사를 잘하고 있는지를 알 수 있는 항목이 결국 주식투자자에게는 중요합니다. 이렇게 장사를 잘하는지 알기 위해서는 3대 재무제표가 무엇인지 알고 있어야 합니다. 3대 재무제표는 크게 손익계산서, 재무상태표, 현금흐름표입니다. 이와 더불어 3대 재무제표의 내용에 대해 친절히 해설해놓은 재무제표 주석*도 꼭 참고해야 합니다.

재무제표 주석

각종 재무제표를 설명하는 해설서라 볼 수 있다. 재무제표 주석에는 회사의 회계기준과 정책, 재무제표 항목에 대한 보충설명 등이 기재된다

소위 '실적'이라 함은 손익계산서 상의 매출액, 영업이익, 그리고 당기순이익에 대한 결과를 말합니다. 그래서 통상 매분기말 이후 1개월 정도 지나면 기업들은 실적을 잠정적으로 발표합니다. 뉴스에 뜨는 기업 실적은 이러한 잠정실적*을 말합니다. 재무제표는 그 이후에나 공시*되며 그때는 모든 실적이 확정됩니다.

잠정실적

상장기업은 각 분기 및 사업연도 말로부터 일정기간 이내 실적공시를 해야 하는데, 그 이전에 실적집계가 완료되면 잠정실적을 발표한다

공시

현행 증권거래법 등은 기업의 중요한 정보를 투자자 등 이해관계자들에게 정기 또는 수시로 알리도록 하고 있다

투자자라면 기업이 장사를 잘하는지를 봐야 한다

기업이 장사를 잘하면 실적은 당연히 좋아집니다. 반대로 장사를 잘 못하면 실적이 나빠집니다. 따라서 투자자들은 모두 우선 매출액, 영업이익, 그리고 당기순이익이라는 실적에 관심을 가지게 됩니다. 이러한 실적이 발표되면 주가가 이에 따라 반응하게 됩니다. 물론 발표되는 실적에 대한 시장의 해석은 상황에 따라 다르므로 주의를 요합니다.

기업의 실적은 분기별로 혹은 연별로 알 수 있는데, 재무제표 중 손익계산서에 매출액, 영업이익, 당기순이익 등에 대한 내용이 나와 있으니 이를 봐야 합니다.

우선 매출액과 각종 이익은 증가하고 있는지 아니면 나빠졌는지를 봅니다. 당장 매출액이 급감하고 있다면 물건이 팔리지 않는다는 말이므로, 좋은

상황은 아닙니다. 또한 이익이 매우 감소한다면 물건을 팔아 이익을 예전만큼 못 내고 있다는 말이므로, 역시 좋은 상황이 아닙니다.

이익 중에서는 특히 '영업이익'이 중요합니다. 영업이익은 기업이 가장 본원적인 생산 및 판매 활동 등으로 창출한 이익이기 때문입니다. 예를 들어 삼성전자가 스마트폰을 팔아서 이익을 냈다면 영업이익이고, 주식이나 채권에 단기투자해 이익을 냈다면 영업외수익이므로 당기순이익에 포함됩니다. 삼성전자가 영업활동에서 이익을 많이 냈다면 당연히 반길 일이지만, 주식에 단기투자해 이익을 냈다면 나쁜 것은 아니지만 그리 반길 일은 못 됩니다.

주린이는 영업이익 수치를 보고도 다소 막연할 것입니다. 그런데 요령은 그리 어렵지 않습니다. 분기 실적을 기준으로 설명해보면 다음의 네 가지 순서로 살펴보면 됩니다. 이러한 순서는 영업이익뿐만 아니라, 매출액과 당기순이익도 마찬가지로 보면 됩니다.

첫째, 영업이익이 전분기보다 좋아졌는지를 봐야 합니다. 이번 분기에 장사가 잘되었다면 전분기보다 영업이익이 좋아집니다. 좋아진 영업이익 수치를 보면서 '여전히 장사를 잘하고 있군' 하고 생각하면 됩니다. 좀 어렵게 표현하면 이를 영업이익증가율 또는 영업이익성장률*이라 합니다. 전분기보다 얼마나 영업이익이 증가했는가를 비율로 보여주는 것입니다. 예를 들어 전분기 영업이익이 100억원이었는데, 당분기에 200억원이 되었다면 영업이익성장률은 100%입니다.

둘째, 매출액 대비 영업이익률*을 봐야 합니다. 이는 물건을 팔아서 얼마나 영업이익을

영업이익성장률

'(당기영업이익-전기영업이익)/전기영업이익×100(%)'로 계산되며, 영업이익의 성장성을 가늠하기 위해 사용된다

내고 있는지를 보여줍니다. 당연히 영업이익률이 좋은 기업이 장사를 잘하는 기업입니다. 좋은 제품, 그리고 사고 싶은 제품의 가격은 제대로 인정받고 또 그만큼의 수요가 있기 마련입니다. 뿐만 아니라 제품 생산에서도 기업만의 원가경쟁력과 노하우 등을 갖추고 있다면 영업이익도 커지고 영업이익률도 좋아집니다.

한 예로 '더존비즈온'이라는 회사는 ERP사업이나 클라우드 사업*을 수행하고 있는데 영업이익률이 20%를 넘습니다. 영업이익률이 20%를 상회하는 기업은 소위 배타적인 독점적 경쟁우위를 가지는 기업으로 봐도 무방합니다. 실제로 더존비즈온은 중소기업 ERP시장을 거의 독점하다시피 하고 있습니다.

영업이익률

영업이익 대신 '영업이익률(= 영업이익/매출액)'을 사용하면 기업의 규모와 상관없이 기업들의 실적을 효과적으로 비교할 수 있다

클라우드 사업

각종 데이터를 회사 내부 저장 공간이 아닌 외부의 클라우드 서버에 업로드한 뒤, 인터넷에 접속해 언제 어디서나 이용할 수 있도록 서비스를 제공하는 사업이다

셋째, 영업이익이 전년도의 동일분기보다 좋아졌는지를 봐야 합니다. 통상 기업의 사업은 계절성이 있습니다. 예를 들면 컴퓨터 수요는 학생들의 겨울방학 등으로 인해 겨울에 늘어납니다. 그래서 분기별로도 4분기 실적이 통상적으로 좋습니다. 그러니 올해 4분기 영업이익이 100억원이라면, 전년도 4분기 영업이익을 확인해야 합니다. 만약 전년도 4분기 영업이익이 80억원이라면 올해는 확실히 전년도보다 사업이 잘된 것으로 볼 수 있습니다.

넷째, 경쟁사의 영업이익과 비교해볼 필요가 있습니다. 물론 정확히 동일한 사업을 하는 경쟁사를 찾기는 쉽지 않지만 큰 범위에서 경쟁사로 일컫

는 기업의 영업이익을 확인해 비교해볼 수는 있습니다. 예를 들면 카카오의 경쟁사는 네이버라 할 수 있습니다. 2020년 4분기 기준으로 카카오의 영업이익은 1,498억원이고, 네이버의 영업이익은 3,238억원입니다. 절대액 기준으로는 네이버가 큽니다. 반면 전분기대비 영업이익성장률의 경우 카카오는 25%, 네이버는 11%로 카카오가 높습니다.

이익실적뿐만 아니라
현금흐름도 꼭 봐야 한다

매출액을 포함해 영업이익이나 당기순이익이 물론 중요한 실적정보입니다. 그렇지만 우리는 이익 수치를 그대로 받아들이면 곤란합니다. 이는 차츰 논의할 것이지만 간략하게만 말하면, 회사의 회계처리가 다르고 경우에 따라 회사가 이익 수치를 임의로 조정할 수 있는 여지가 크기 때문입니다.

만약 어떤 기업이 영업이익 기준으로 3년간 적자를 면치 못하다가, 올해 영업흑자로 반전되었다고 칩시다. 이 경우 과연 실적이 좋아졌다고 판단해 투자를 감행해도 될까요? 답은 그렇지 않습니다. 그 이전에 반드시 영업활동현금흐름* 수치를 확인해야 합니다.

기업의 올해 영업이익은 10억원이라 합시다. 그리고 과거에는 −100억원대의 영업적자를 기록해왔다고 합시다. 이 경우 반드시 영업활동현금흐름을 확인해봐야 합니다. 만약 영업활동현금흐름이 전년도까지 −200억원대 규

영업활동현금흐름

영업활동현금흐름은 기업이 본원적 영업활동을 수행하면서 창출되는 현금유입액에서 현금유출액을 차감한 것이다

모였는데, 올해에도 여전히 영업활동현금흐름이 적자규모를 면치 못하고 있음을 확인했습니다. 그렇다면 앞선 영업흑자 반전은 거짓일 가능성이 큽니다. 즉 가짜실적인 것입니다.

이와 같이 주식투자자는 재무제표에서 우선적으로 매출, 이익 등의 지표를 살펴보고 영업활동현금흐름 등 현금흐름 지표를 살펴봐야 합니다. 앞으로 주가에 영향을 줄 수 있는 재무제표의 중요항목을 몇 개의 그룹으로 나누어 논의할 것이니, 차츰 그 항목들을 살펴보면 됩니다. 여기서는 다음만 명심합시다. 주식투자자는 주가에 영향을 미치는 중요한 내용만을 재무제표에서 체크하면 그만입니다.

 재무제표 초보자를 위한 꿀팁!

주식투자자는 가장 기본적으로 재무제표에서 매출, 영업이익, 순이익 등의 이익지표를 살펴보고 영업현금흐름 등 현금흐름 지표를 살펴봐야 합니다. 그리고 앞으로 소개될 꼭 봐야 할 중요한 항목을 보면 됩니다.

단타를 주로 하는데도
재무제표를 봐야 하나요?

2018년 한 통계자료에 의하면, 놀랍게도 대한민국 시장의 99%의 개미들은 대부분 손실을 본다고 합니다. 그 이유는 매일 시시각각 변화하는 시세에 집중하는 단타매매에 있다고 합니다. 즉 '주가 그래프 분석에 의한 단타매매'가 그 패인이었던 것입니다.

2020년 이른바 '동학개미혁명' 이후 개미투자자들도 스마트해졌기 때문에 외국인이나 기관투자자들보다 더 훌륭한 수익률을 내기도 합니다. 그렇지만 훌륭한 수익률을 지속적으로 내는 개미투자자는 소문만큼 많지 않으며, 이들은 시행착오의 원인을 반성하고 이를 치유하고자 끊임없이 학습합니다.

대한민국의 많은 주식투자자들은 주식에 입문하는 순간부터 주가 그래프를 이용하는 기술적 매매에 치중하는 경향이 짙습니다. 기술적 매매를 해본 사람들은 쉽게 알 수 있는데, 본질적으로 차트는 실시간으로 변동되기 때문에 그에 따라 발 빠르게 대응하다 보면 단타매매가 되기 십상입니다. 어느 순간 그렇게 좋아보이던 차트가 한순간만 지나가도 나빠지기도 합니다. 그렇게 차트를 쫓다 보면 자연스레 단타매매가 되는 것입니다.

단타매매는
재무제표를 볼 필요가 없다

어떤 이유로 단타매매에 치중하든 간에 우리의 질문은 "단타매매를 할 때도 재무제표를 봐야 하나요?"가 됩니다. 답부터 말하자면, 단타매매자는 재무제표를 볼 필요가 없습니다.

원칙적으로는 재무제표에 나타난 실적 등을 통해 기업가치를 가늠합니다. 그런데 기업가치는 촌각을 다투는 매 순간마다 변하는 것이 아니므로, 단타매매를 수행하는 동안에는 이러한 기업가치의 변동을 고려할 필요가 없습니다.

대신 단타매매자는 발표되는 뉴스나 공시 등에 민감하게 주의를 기울여야 합니다. 주가의 순간적인 변동은 각종 뉴스나 공시 등에 의해 좌우되기 때문입니다. 만약 호재성 뉴스가 발표되었다고 합시다. 이러한 호재성 뉴스에 대해 본인만의 해석이 있어야 하고, 이러한 판단과 함께 주가그래프를 보면서 발 빠른 매매를 해야 합니다.

이러한 단타매매는 많은 시행착오와 경험을 요합니다. 주식을 처음 대하는 주린이 입장에서는 단타매매에 빠져들 경우 큰 손실에 직면하기 쉽습니다. 왜냐하면 각종 호재와 악재에 대한 경험이 부족하기 때문입니다. 더구나 경험이 쌓인다 해도 단타매매에서 손쉬운 승률을 올릴 수 있는 것도 아닙니다. 흔히 잦은 매매를 하다 보면 몇 번의 작은 수익을 얻더라도 단 한 번의 큰 손실에 직면하기 마련입니다.

'기다림의 미학'을
깨달아야 한다

주식투자자는 '기다림의 미학'을 배워야 한다고 합니다. 우리가 주가를 관찰하다 보면 호재성 뉴스에서든 다른 이유에서든 어느 순간 주가가 급등하는 경우를 흔히 볼 수 있습니다. 일단 주가가 급등하기 시작한 후 주식을 매수해봤자 추가적인 수익을 올리기는 만만치 않습니다.

그럼 이렇게 주가급등으로 인한 수익은 누가 가져갈까요? 한 기업에 대한 합리적인 믿음을 가지고 꾸준히 보유한 사람들의 몫입니다. 물론 운 좋게도 기업을 어떤 기준으로 잘 골라서 사자마자 주가가 급등한 경우도 있을 것입니다. 그렇지만 그건 말 그대로 운이 좋은 것입니다. 그렇게 가끔 일어나는 운이 좋은 경우를 제외하고는, 주가급등으로 인한 수익은 합리적 믿음에서 장기보유한 사람들의 몫이라 해도 과언이 아닙니다.

워런 버핏, 벤저민 그레이엄, 짐 로저스, 필립 피셔, 피터 린치, 왈라스 웨이츠, 마틴 휘트먼, 메이슨 호킨스 등 세계적인 주식 부자들이 있습니다. 이들은 예나 지금이나 한결같은 주식투자의 원칙을 가지고 있습니다. 그것은 놀랍게도 간단합니다. '무조건 재무제표를 보고, 알짜 기업을 발굴해 장기간 투자해 수익률을 극대화한다'는 점입니다.

　여기에는 예외가 없습니다. 많은 투자자들이 재무제표를 믿건 안 믿건, 이용하든 그렇지 않든, 주식 부자들은 재무제표를 보면서 기업에 대한 합리적 믿음을 갖습니다.

 재무제표 초보자를 위한 꿀팁!

대한민국 주식시장의 상당수 개미들은 손실을 보게 되는데, 그 패인은 단타매매에 있다고 합니다. 어쨌든 단타매매자는 재무제표를 볼 필요가 없습니다.

질문 TOP 06

이익, 자산, 자본, 부채 개념이 너무 어려운데 어떡하죠?

▶ **저자직강 동영상 강의로 이해 쑥쑥**
QR코드를 스캔하셔서 동영상 강의를 보시고
이 칼럼을 읽으시면 훨씬 이해가 잘됩니다!

　　손익계산서와 재무상태표는 재무제표의 양대 산맥입니다. 손익계산서를 구성하는 항목을 크게 나누면 수익, 비용 그리고 이익입니다. 한편 재무상태표를 구성하는 가장 큰 항목은 자산, 부채 그리고 자본입니다. 손익계산서와 재무상태표를 구성하는 가장 큰 6개의 항목만 이해하면 그 아래 세세한 항목(계정이라 한다)을 이해하는 데 사실상 그리 어렵지 않습니다.

　　앞서 카페를 운영하는 예를 다시 들어봅시다. 여러분은 여윳돈 2억원과 은행에서 대출받은 돈 2억원을 합해 총 4억원을 투자했습니다. 그 돈으로 매장을 취득하고 각종 시설 및 장비를 구입해 사업을 시작했습니다.

　　카페를 설립하면 여러분은 우선 재산상태를 명확히 해놓을 것입니다. 그럼 재산상태를 나타내는 설립 당시 재무상태표를 알아봅시다. 재무상태표의 왼편(차변)은 현재의 재산목록을 보여주고, 오른편(대변)은 현재의 부채와 자본을 보여줍니다. 쉽게 말하면 오른편의 부채와 자본만큼의 자금을 끌어와 왼편의 재산을 취득(투자라고 한다)한 것입니다.

차입금

기업이 운영자금 및 투자를 위해 외부로부터 차입한 자금이다

여러분이 은행에서 대출받은 차입금* 2억원은 부채이고, 여러분이 투자한 여윳돈 2억원은 자본으로 해서 재무상태표의 오른편에 기록합니다. 이렇게 확보한 4억원으로 작은 매장을 취득해 인테리어를 한 후 커피머신, 키친, 매장비품 등을 구비하고 나머지는 현금으로

자산항목

사전적으로는 기업이 소유하고 있는 유형 및 무형의 유(有)가치물을 말하며, 회계학적으로는 미래에 경제적 효익을 가져다주는 자원이다

가지고 있다면, 재무상태표의 왼편에 자산항목*으로 기록합니다. 아래의 재무상태표가 카페 설립 당시 재무상태표입니다.

카페 설립 시 재무상태표

당기순이익	부채
매장(부동산), 키친설비, 매장비품, 현금 등 4억원	차입금 2억원
	자본
	여윳돈 2억원

위 재무상태표의 오른편과 같이, 은행에서 대출받은 차입금 2억원은 부채로, 순수하게 여러분이 투자한 2억원은 자본으로 기록합니다. 이렇게 확

보한 4억원의 자금으로 매장, 키친설비, 매장비품, 현금 등의 자산을 구비하고 이를 재무상태표의 왼편에 기재합니다.

부채, 자본은 투입자금이고
자산은 그것으로 투자한 재산이다

여러분이 직접 작성한 카페 설립시 재무상태표를 이번에는 다른 사람이 작성했다고 치고 들여다봅시다. 우선 오른편을 봐야 합니다. 앞의 재무상태표 오른편의 부채를 보면, '2억원의 돈을 차입했군…'이라는 사실을 쉽게 알 수 있습니다. 이어 자본을 보면서 '2억원의 자기돈을 투입했군…'이라는 사실을 알 수 있습니다.

이번엔 재무상태표의 왼편을 들여다봅니다. 그럼 오른편의 부채 2억원과 자본 2억원을 합해 4억원을 가지고 투자하거나 취득한 재산의 내역을 알 수 있습니다. 여기서는 구체적인 재산 내역별 투자금액은 제시되어 있지 않지만, 대충 여러분은 '매장(부동산), 키친설비, 매장비품 등을 취득하고, 나머지는 현금으로 가지고 있겠군…'이라는 추론을 할 수 있습니다.

이쯤에서 부채, 자본 그리고 자산이 무엇인지를 정의할 수 있겠습니다. 자금을 조달하는 과정에서 출발하는데, 이때 돈을 빌리면 부채로 기록하고, 자기의 여윳돈을 이용하면 자본이라 기록합니다. 이후 확보한 자금을 가지고 사업운영에 필요한 각종 재산을 취득한 뒤 나머지는 현금 등으로 가지고 있을 것이고, 이들 내역이 자산의 하나 하나의 항목이 됩니다.

사업을 운영하면서
특정기간 벌어들인 돈이 이익이다

이제 확보한 재산(매장, 설비, 비품, 현금 등)을 이용해 카페를 운영하게 됩니다. 매일매일 장사를 해서 돈이 들어옵니다. 그리고 매일의 원재료 등 구입 대금 및 아르바이트 직원 급료 등에 돈이 나갑니다. 매일매일 들어오는 수입과 지출이 궁금해서 이를 기록합니다. 그리고 1년간 이를 집계해보았습니다.

이렇게 매일매일 들어오는 수입과 지출을 1년간 기록한 것이 손익계산서입니다. 1년 동안 커피를 팔아서 2억원의 수입을 얻고, 각종 비용으로 1억원이 지출되었다고 합시다. 1년 동안 수입에서 지출을 빼면 1억원을 남긴 셈입니다. 여기선 남긴 1억원이 바로 이익이 됩니다. 어렵게 생각하지 말고 수입은 수익이라고 하고, 지출은 비용이라고 하면 아래와 같은 손익계산서를 작성할 수 있습니다.

카페의 1년 동안 손익계산서

수익 2억원
− 비용 1억원
= 이익 1억원

이와 같이 매일매일의 장사를 기록하되 1년 동안(또는 특정기간 동안) 벌어들인 수익과 이를 위해 지출한 비용을 보여주고 이 양자를 차감한 이익을 보여주는 것이 손익계산서입니다.

채권자

기업 운영에 필요한 자금을 일정기간 동안 빌려주고, 동 기간 동안 이자를 받을 수 있 고 만기에는 원금에 대한 권 리를 갖는 사람을 말한다

물론 기업회계에서 수익, 비용은 단순히 현금 유입과 지출에 따라 기록하기보다는 까다로운 규정에 의해 기록하기는 합니다. 그렇지만 그 본질은 크게 다르지 않다고 보면 이해하기가 쉽습니다.

이렇게 카페운영을 모두 현금거래로 한다면 여러분은 1억원의 현금을 이익으로 벌어들이게 됩니다. 이들 현금을 포함하면 카페 운영 이후 1년말 시점에 카페의 총재산가치는 기존의 4억원에서 5억원으로 증가됩니다. 따라서 1년말 시점의 재무상태표 상 자산은 5억원이 됩니다.

한편 은행차입금 2억원은 그대로 있으므로 부채는 그대로 2억원입니다. 반면 벌어들인 이익 1억원은 나의 몫이므로 기존 자본(2억원)에 더하면 자본은 3억원이 늘어납니다. 자본은 어렵게 생각할 것 없습니다. 재산가치(자산) 중 내 몫에 해당하는 부분을 표시하는 것입니다. 재무상태표의 오른편을 쉽게 설명하면, 재산가치(자산) 중 채권자*의 몫을 표시한 게 부채이고, 재산가치 중 내 몫(또는 주주의 몫)을 표시한 게 자본입니다.

카페운영 이후 1년말 시점 재무상태표

자산	부채
매장(부동산), 키친설비, 매장비품, 현금 등 5억원	차입금 2억원
	자본
	최초투자금 2억원
	이익 1억원

앞의 1년말 시점의 재무상태표를 보면, 설립시점보다 현금 1억원이 늘었으므로 자산은 5억원이 됩니다. 이중 채권자의 몫인 부채는 원래대로 2억원이고, 내 몫인 자본은 이익 1억원을 합한 3억원이 됩니다. 상식선에서 생각해보면 어려울 것이 없습니다. 왼편의 재산(현금)이 1억원이 늘었고, 이는 내 몫이므로 오른편 자본을 1억원 늘려주는 것입니다.

이처럼 카페운영과 마찬가지로, 기업은 매년 사업운영을 하면서 이익을 올리게 되고 이로 인해 그만큼의 자본이 늘어납니다. 이제 간단히 정리해봅시다. '자산은 기업이 보유하는 재산목록이고, 부채는 이중 채권자의 몫이고, 자본은 주주의 몫입니다. 한편 기업이 사업을 운영하면서 이익을 올리게 되면 항상 그만큼의 자본이 늘어나게 됩니다.' 이게 재무제표의 모든 것이라 해도 과언이 아닙니다.

 재무제표 초보자를 위한 꿀팁! ─────────

자산은 기업이 보유하는 재산목록이고, 부채는 이중 채권자의 몫이고, 자본은 주인(주주)의 몫입니다. 한편 기업이 이익을 벌어들이게 되면 그만큼 주인의 몫은 늘어납니다.

질문 TOP 07

손익계산서는 뭘 보여주는 건가요?

여러분은 앞서 카페운영을 시작했습니다. 주기적으로 장사가 잘되고 있는지를 구체적인 숫자로 확인하고 싶을 것입니다. 장사를 하면서 벌어들인 수입액에서 운영을 위해 들어간 지출액을 빼면서 그 이익을 보여주는 것이 손익계산서입니다.

다만 기업에서 작성하는 손익계산서는 기업회계기준*에 따라 '현금수입과 지출액' 대신에 '수익과 비용'이라는 다소 복잡한 계정을 씁니다. 좀 어려운 말로, 현금수입과 지출액은 현금주의를 따르는 것이고, 수익과 비용은 발생주의를 따르는 것이라는 정도만 이해합시다.

회계기준

회사가 재무제표 작성시 따라야 할 기준 및 원칙을 말한다. 우리나라는 2011년도부터 '한국채택국제회계기준(K-IFRS)'을 회계기준으로 적용하고 있다

손익계산서는
수익과 비용에 대한 내역서이다

기업이 사업을 해 벌어들인 돈을 수익이라고 하면, 사업 운영을 위해 지출한 돈을 비용이라 할 수 있습니다. 이렇게 돈이 들어오고 나가는 수익과 비용에 대한 구체적인 내역을 보여주는 것이 손익계산서입니다.

그럼 아래의 일반적 형태의 손익계산서를 봅시다.

일반적 형태의 손익계산서

매출액 − 매출원가 (①)
= 매출총이익
− 판매비와 관리비 (②) 　(급여, 복리후생비, 광고선전비, 대손상각비, 임차료, 회의비 등)
= 영업이익
+ 영업외수익 (③) 　(이자수익, 배당금수익, 투자자산 평가·처분이익, 외환차익 등) − 영업외비용 (④) 　(이자비용, 유형·무형자산 손상차손, 투자자산 평가·처분손실, 외환차손 등)
= 법인세비용차감전 순이익
− 법인세 비용 (⑤)
= 당기순이익 (또는 당기순손실)
± 기타포괄손익
= 총포괄손익

손익항목

당기순이익을 산출하기 위해 가산하는 수익항목과 차감하는 비용항목을 통틀어 손익항목이라 한다

매출원가

매입 또는 제조에 직접 소요된 제비용 중 판매된 재고자산의 원가를 말한다

판매비와 관리비

제품이나 상품 등의 판매활동과 기업의 일반관리활동에서 발생하는 비용을 말한다

앞의 손익계산서에서 순서대로 살펴봅시다. 손익항목*은 비용항목(①~⑤, ③제외)이 매우 다양하므로 이에 대해 눈여겨봅시다.

매출액은 당연히 제품이나 상품 등을 팔아서 벌어들인 돈입니다. 이와 직접적으로 관련된 비용은 매출원가*(①)입니다. 매출원가는 판매된 제품이나 상품의 원가를 말합니다. 혹 판매되지 않은 제품이나 상품의 원가는 여기에 기록되지 않습니다. 매출액에서 매출원가를 빼면 '매출총이익'이라는, 순전히 판매액에서 판매된 제품과 상품의 원가를 뺀 기업의 가장 본연적인 이익이 구해집니다.

다음은 판매비와 관리비*(②)라는 비용항목을 빼줍니다. 크게 나누어 판매비와 일반관리비입니다. 판매비는 제품이나 상품을 판매하기 위해 발생하는 부대비용입니다. 예를 들면 TV광고비가 발생했다면 동 비용이 판매비에 해당됩니다. 일반관리비는 제품 등을 생산하는 공장 등에서 발생하는 비용이 아니라, 소위 기업의 본사 등 지원부서에서 발생하는 각종 비용을 말합니다. 예를 들면 삼성전자의 반도체 공장이 아닌, 강남 본사의 경영지원팀에서 발생한 비용입니다.

영업이익은 기업의 본원적 영업활동에서 발생하는 이익이다

앞서 매출액에서 순차적으로 매출원가, 판매비와 관리비를 빼면 영업이익이 구해집니다. 영업이익은 한마디로, 기업의 영업활동(생산, 판매, 경영지원, 연구개발 등 본원적 활동)에서 발생하는 이익을 말합니다.

다음은 영업이익에서 영업외수익(③)을 더하고 영업외비용(④)을 빼면 법인세차감전 순이익이 산정됩니다. 여기서 '영업외'라 함은 영업활동(생산, 판매, 경영지원, 연구개발 등 본원적 활동) 이외의 모든 활동을 지칭합니다. 예를 들면 삼성전자가 제품 생산을 위해 공장을 운영하면 영업활동입니다. 반면에 금융수익을 올리려고 주식투자를 수행하면 영업외활동입니다. 이와 같이 영업외활동에서 벌어들인 수익을 영업외수익이라 하고, 영업외활동에서 지출된 비용을 영업외비용이라 합니다.

마지막으로 법인세* 비용(⑤)을 차감해 당기순이익을 산정합니다. 이후에도 '기타포괄손익'*이라는 매우 어려운 손익항목을 가감해 총포괄손익을 산정하는데, 동 항목들은 당장은 신경 쓰지 않아도 됩니다.

법인세

주식회사 등 각종 법인이 벌어들인 소득을 과세대상으로 하여 부과하는 조세이다

기타포괄손익

IFRS에서 요구하거나 허용하여 당기손익으로 인식하지 않은 수익과 비용항목으로, 자본에 직접적으로 가감한다

손익계산서는 영업활동과 영업외활동을 구분해 단계별 이익을 보여준다

영업비용

영업비용은 기업의 본원적 영업활동에서 발생한 비용으로, 크게 매출원가와 판매관리비로 나눌 수 있다

손익계산서는 돈이 들어오고 나가는 수익과 비용에 대한 구체적인 내역을 보여주는 것이라 했습니다. 위에서 수익항목은 매출액(영업수익이라고도 한다), 영업외수익이 있습니다. 비용항목은 매출원가, 판매비와 관리비, 영업외비용, 법인세 비용이 있습니다. 여기서 '매출원가'와 '판매비와 관리비'를 합해 영업비용*이라고 합니다.

복잡한 듯한 손익계산서를 간단히 정리해보면, 매출액(또는 영업수익)에서 영업비용을 빼서 '영업이익'을 산정하고, 여기서 영업외수익과 영업외비용 등을 가감해 '당기순이익'을 산정하는 구조입니다. 즉 영업활동과 영업외활동을 구분해 단계별로 이익을 보여주는 것입니다.

결론적으로 손익계산서는 일정기간 동안 기업이 벌어들인 돈과 지출한 돈을, 주된 영업활동과 그렇지 않은 부수적인 활동으로 나누어 보여주는 것입니다. 이것이 바로 기업의 실적이라 볼 수 있습니다.

재무제표 초보자를 위한 꿀팁!

기업이 한 해 동안 장사를 하면서 벌어들인 수입에서 들어간 지출을 빼면서 그 이익을 보여주는 것이 손익계산서입니다. 다만 수입과 지출을 기업회계기준에 따라 인식할 뿐입니다.

질문 TOP 08

재무상태표는 뭐고, 손익계산서와 뭐가 다른가요?

재무제표의 양대 산맥은 손익계산서와 재무상태표라고 했습니다. 손익계산서는 장사를 해서 얼마를 벌었는지를 보여주고, 재무상태표는 이러한 이익을 포함해 어느 시점에서 재산가치를 보여줍니다. 나아가 은행차입금 등 부채를 빼면 순수한 내 재산을 알 수 있습니다.

앞서 여러분이 카페를 오픈해 운영한다고 생각해보았습니다. 여윳돈 2억원과 은행에서 대출받은 돈 2억원을 합하면 총 4억원입니다. 그 돈으로 매장을 취득하고 각종 시설 및 장비를 구입했으므로 이들의 재산가치는 4억원이라 보았습니다. 특별히 강조하지 않아도 여러분은 앞으로 매장, 시설 등을 합한 총 4억원의 카페 재산가치와 은행차입금 2억원을 잘 기록해 관리할 것입니다.

만약 여러분이 한 해 동안 장사를 해 1억원의 이익을 내면, 카페의 재산가치는 5억원으로 늘어납니다. 물론 은행차입금은 2억원 그대로입니다. 이 경우 여러분의 순수한 재산은 카페재산가치 5억원에서 은행차입금 2억원을 뺀 3억원이 될 것입니다.

기업은 재무상태표를 통해 이와 같은 재산과 부채, 자본을 관리하게 됩니다. 기업을 운영하면서 이익을 내면 현금 등의 재산이 늘어나고, 동시에 순수한 재산(자본)도 늘어납니다. 왜냐하면 카페운영자인 여러분이 이익을 내면 그 돈이 여러분의 몫이 되듯, 기업이 이익을 내면 애초에 투자한 사람(주주라 한다)의 몫이기 때문입니다.

재무상태표는 현재 재산, 부채의 목록을 자세히 보여준다

기업은 사업을 운영하면서 우선 들어오는 돈과 지출하는 돈을 차감한 이익을 그때그때 파악해야 합니다. 손익계산서는 그러한 내용을 담습니다. 한편 재무상태표는 최초설립시에 재산과 부채, 자본 등에서 출발해 매년 벌어들이는 이익을 합산해가면서 매년말 각 재산, 부채, 자본의 내역을 보여줍니다. 물론 재산이나 부채 등이 변동되면 그 변동분도 반영합니다.

다음의 일반적인 형태의 재무상태표를 들여다봅시다.

일반적 공시형태의 재무상태표

자산	부채	
1. 현금 및 현금성자산	1. 매입채무 및 기타채무	
2. 매출채권 및 기타채권	2. 금융부채	
3. 재고자산	3. 충당부채	
4. 금융자산	4. 이연법인세부채	
5. 유형자산	5. 기타부채	
6. 무형자산	**자본**	
7. 기타자산	1. 자본금	
	2. 자본잉여금	
	3. 이익잉여금	
	4. 기타자본	
	5. 기타포괄손익누계	

위 재무상태표의 왼편(차변)은 기업이 현재 보유하고 있는 자산의 목록을 보여줍니다. 각 자산항목의 이름을 보면 그 자산의 형태가 어림잡아 짐작은 됩니다. 이중에 몇 가지 자산항목을 살펴봅시다.

첫째, 매출채권*은 회사가 제품이나 상품 등을 외상으로 판매하면서 보유하는 채권입니다. 많은 회사는 현금거래보다는 통상 이와 같이 외상거래를 합니다. 소위 신용카드로 판매할 경우도 매출채권으로 기재합니다.

매출채권

회사가 경상적 영업활동인 상품·제품의 판매, 서비스의 제공을 통해 보유하게 된 신용채권을 말한다

재고자산

회사가 판매를 위해 구입하여 보유하는 자산이나, 판매를 목적으로 제조해 보유하는(또는 제조과정 중에 있는) 자산이다

유형자산

영업활동(생산·판매·연구개발 활동 등)에 사용할 목적으로 보유하는 자산이다. 건물, 토지, 공장, 기계장치, 비품 등이 유형자산에 해당된다

무형자산

특허권, 영업권, 산업재산권, 개발비 등 물적 실체가 없지만 기업의 영업활동을 위해 사용하는 등 미래의 경제적 효익을 얻을 수 있는 자산이다

둘째, 재고자산*은 회사가 판매를 위해 보유하는 상품이나 제품 등을 말합니다. 아직 팔리지는 않고 판매를 위해 창고 등에 보관중인 것을 말합니다.

셋째, 금융자산은 회사가 시세차익을 위해 혹은 투자나 다른 회사를 지배하기 위해 주식이나 채권 등을 보유하는데 이들 금융상품을 말합니다.

넷째, 유형자산*은 건물, 토지, 공장, 기계장치 등의 자산을 말합니다. 이들 유형자산은 판매를 위한 것이 아니고, 회사가 각종 영업활동을 위해 사용할 목적으로 보유하는 자산임에 유의해야 합니다.

다섯째, 무형자산*은 특허권, 라이센스, 영업권* 등 물리적 형체가 없는 자산입니다. 이 역시 유형자산과 마찬가지로 각종 영업활동을 위해 사용할 목적으로 가진 자산입니다.

재무상태표의 오른편은
부채의 목록 등이다

한편 앞의 재무상태표의 오른편(대변)은 기업이 현재 부담하고 있는 부채와 주주의 몫인 자본을 보여줍니다. 순수한 재산의 개념인 자본은 차츰

알아보기로 하고, 여기서는 부채항목에 대해 간단히 살펴봅시다.

영업권

어떤 기업을 인수합병 시 순자 산가치 외에 영업 노하우, 브랜 드 인지도 등 회계장부에는 잡 히지 않는 무형의 자산으로 말 미암아 지급하게 되는 일종의 프리미엄을 말한다

첫째, 매입채무는 외상으로 원재료나 상품 등을 구입한 것이므로 향후 되갚아야 할 빚입 니다.

둘째, 금융부채는 자금 조달 목적으로 빌리 는 빚으로, 사채, 차입금 등이 해당됩니다.

셋째, 충당부채는 다소 어려운 개념입니다. 현재 부담하는 빚은 아닌데 지출 시기나 금액이 불확실하지만 나중에 현금 등이 유출될 가능성이 매우 높아 회사가 부채로 기록한 것입니다. 제품보증충당금, 퇴직급여충당금, 공 사손실충당금, 장기수선충당금 등 회사마다 다양한 충당부채를 가집니다.

이와 같이 재무상태표의 왼편(차변)은 현재의 재산목록을 보여주고, 오 른편(대변)은 현재의 부채목록 등을 보여줍니다. 오른편엔 자본항목도 표기 되는데 여기서는 기업의 주인인 주주의 순수한 재산이라는 정도로만 이해 합시다.

📊 **재무제표 초보자를 위한 꿀팁!** ─────────

재무상태표의 왼편은 현재의 재산목록을 보여주고, 오른편은 현재의 부채목록 등을 보여줍니다. 오른편엔 자본항목도 표기되는데, 이는 총재산에서 부채를 차 감한 주인(주주)의 몫입니다.

질문 TOP 09

회사의 이익을 보려면 어떻게 해야 하나요?

손익계산서를 통해 매출액과 각종 이익을 보게 됩니다. 이렇게 손익계산서의 이익을 보는 요령은 크게는 다음의 세 가지입니다. 첫째, 매출액, 영업이익, 당기순이익이 전년도(또는 전분기)에 비해서 증가하고 있는지 그 추세를 봅니다. 더불어, 이번 분기별 이익이 전년도의 같은 분기와 비교해 증가했는지를 봅니다. 둘째, 당해연도(또는 이번 분기) 이익의 세부항목 중 금액이 매우 큰 항목이 있으면 재무제표 주석이나 뉴스 등을 통해 확인해봅니다. 셋째, 실제이익이 이익예측치에 얼마나 부합하는지를 살펴봅니다. 이익예측치는 HTS*나 네이버 금융 등의 검색사이트에서 확인할 수 있는데, 이와 관련

HTS

HTS(Home Trading System)는 투자자가 인터넷을 통해 거래할 수 있는 시스템을 말한다

된 내용은 추후 살펴보기로 합시다.

우리는 손익계산서를 통해 기업이 장사를 잘하고 있는지를 알 수 있습니다. 장사가 잘된다는 것은 매출액 및 이익 등이 지속적으로 성장하고 있다는 것을 의미합니다. 물론 이익수준*이 기존 수준으로 유지되는 것도 그리 나쁘

> **이익수준**
> 각종 수익에서 관련된 비용을 공제한 차액인데, 영업이익, 당기순이익 등 다양한 단계별 이익이 있다. 여기서는 어떤 기업의 당기순이익을 말한다

지 않다고 생각할 수 있습니다. 그렇지만 이론적으로는 이익이 정체되면 기업가치는 나빠집니다. 기업이 최소한 물가상승률만큼 성장하지 못하면 자연히 퇴보하는 것이기 때문입니다.

이익이 성장하고 있는지를 보는 게 최우선이다

그래서 이익을 볼 때, 가장 우선적으로 매출액, 영업이익, 당기순이익이 전분기에 비해 그리고 전년도에 비해 증가하고 있는지를 살펴봐야 합니다. 물론 연도별로 또는 분기별로 추세적으로 혹은 지속적으로 증가하고 있는지를 함께 봐야 합니다.

많은 투자자들이 분기별 이익을 중시해야 하는지 아니면 연도별 이익을 중시해야 하는지 의문을 가지기도 하는데, 주가와 관련된 이익은 분기별 이익이라 할 수 있습니다. 매분기별로 이익을 살펴보는데, 마지막 4분기의 경우는 연도별로도 비교하게 되는 것이라 보면 명확합니다. 그래서 매출액, 영업이익, 당기순이익이 전분기보다 좋아졌는지를 봐야 합니다. 이번 분기에

지속적 이익

지속적 이익(손익)은 당해 발생한 손익 항목이, 차후에도 유사한 크기로 지속적으로 발생할 가능성이 높은 손익이다

장사가 잘되었다면 전분기보다 매출액, 영업이익, 당기순이익이 좋아집니다. 이와 같은 이익 수치가 좋아지면 '여전히 장사를 잘하고 있군' 하고 생각하면 됩니다.

경우에 따라서 매출액, 영업이익, 당기순이익 숫자 간에 엇박자가 나기도 합니다. 예컨대 당기순이익은 −100억원 적자인데, 영업이익이 100억원 흑자인 경우입니다. 이와 같이 엇박자가 난 경우는 보다 자세히 그 원인을 살펴봐야 하지만 우선은 영업이익의 수치를 중시하면 됩니다.

영업이익은 기업의 가장 본원적인 영업활동에서 창출된 이익이므로 장기지속적 이익*의 성격을 가집니다. 일시적으로 뜻밖의 이익이 발생한 경우 당기순이익은 좋아질 수 있으나 영업이익은 향상되지 않습니다. 또한 이러한 뜻밖의 이익은 다음 분기 또는 내년에도 지속될 성질이 아닐 가능성이 높습니다. 당기순이익과 영업이익 간에 엇박자가 궁금하다면 이 책을 읽어나가면서 어떻게 그 원인을 살펴볼지 알아보기로 합시다.

더불어 영업이익(매출액, 당기순이익도 마찬가지)이 전년도의 동일분기보다 좋아졌는지를 봐야 합니다. 통상 기업의 사업은 계절성이 있습니다. 기업이나 산업별로 1분기, 2분기, 3분기, 4분기의 각 분기 중에 사업이 잘되는 시기가 따로 있기도 합니다. 예를 들어 2분기에 원래 사업이 잘되는데 금년 3분기의 이익이 2분기에 비해 감소할 경우는 꼭 장사가 잘 안 되었다고 하기는 힘듭니다.

이익 추세를 본 이후에는,
세부항목 중 큰 금액을 본다

유·무형자산 손상차손

유·무형자산의 시장가치가 현저히 하락하여 장기간 회복불가능할 경우, 그 하락분 만큼 해당 자산의 '손상차손'을 인식한다

　앞서 일반적 형태의 손익계산서를 열어보았습니다. 매출액, 영업이익, 당기순이익 등 큰 그림에서 이익수치를 확인했다면, 다음 과정은
이익을 구성하는 세부항목인 각 수익과 비용을 확인합니다. 이 경우는 상대

일반적 형태의 손익계산서

매출액
− 매출원가 (①)
= 매출총이익
− 판매비와 관리비 (②)
(급여, 복리후생비, 광고선전비, 대손상각비, 임차료, 회의비 등)
= 영업이익
+ 영업외수익 (③)
(이자수익, 배당금수익, 투자자산 평가·처분이익, 외환차익 등)
− 영업외비용 (④)
(이자비용, 유형·무형자산 손상차손[*], 투자자산 평가·처분손실, 외환차손 등)
= 법인세비용차감전 순이익
− 법인세 비용 (⑤)
= 당기순이익 (또는 당기순손실)
± 기타포괄손익
= 총포괄손익

금융비용

기업이 외부로부터 차입한 장단기 차입금, 사채 등에 대해 지급하는 이자 부담 비용을 말한다

기타비용

기업의 주된 영업활동이 아닌 활동으로부터 발생한 비용으로, 금융비용 등을 제외한 비용 항목을 말한다

적으로 큰 금액이 발생한 항목 위주로 살펴보면 충분합니다.

앞의 일반적 형태의 손익계산서를 다시 살펴봅시다. 우선 비용항목에 집중해서 봐야 하는데, 비용은 크게 두 가지로 나뉩니다. 영업비용과 영업외비용이 그것입니다. 영업비용은 영업적으로 발생하는 비용인데 매출원가(①)와 판매관리비(②)를 합한 금액입니다. 영업외비용(④)은 금융비용*, 기타비용* 등을 포함합니다.

영업비용이든 영업외비용이든 금액이 큰 항목에 집중해서 보면 좋습니다. 이어 영업외수익에서도 유독 금액이 크다면 확인해야 합니다. 많은 투자자들이 이러한 세부항목의 발생 이유를 알고 싶을 때 다소 막연해합니다. 하지만 어려워할 것 없이 '재무제표 주석'을 살펴보면 됩니다.

주석은 재무제표의 해설서와 같은 것으로 세부항목에 대해 자세히 설명하고 있습니다. 만약 주석에서 전혀 언급하고 있지 않은 항목이라면 걱정할 필요 없이 무시하면 됩니다. 재무제표는 공인회계사의 감사를 받기 때문에 언급도 되어 있지 않다면 투자자들도 안 봐도 되는 항목이라 봐도 좋습니다. 주석에 대해서는 점차 설명하기로 하고 이쯤에서는 '주석을 확인하면 된다' 정도만 알면 됩니다.

오른쪽의 카카오의 연결손익계산서를 살펴봅시다.

㈜카카오의 연결손익계산서

(단위: 억원)

	2016년	2017년	2018년	2019년
매출액	14,642	19,723	24,170	30,701
영업비용	13,481	18,069	23,440	28,633
영업이익(손실)	**1,161**	**1,654**	**729**	**2,068**
기타수익	253	362	745	738
기타비용	314	906	858	5,214
금융수익	247	789	1,125	704
금융비용	240	457	501	440
지분법이익	10	265	323	115
지분법손실	114	174	256	313
법인세비용차감전순이익(손실)	**1,003**	**1,533**	**1,307**	**-2,343**
법인세비용	348	282	1,148	1,077
당기순이익(손실)	**655**	**1,251**	**159**	**-3,419**
**　지배주주순이익(손실)**	**577**	**1,086**	**479**	**-3,010**
비지배주주순이익(손실)	78	165	-320	-409

출처: ㈜카카오의 2016~2019년도 사업보고서 상 연결손익계산서

위의 카카오의 2019년 연결손익계산서를 보면 3,419억원의 당기순손실이 보입니다. 손익계산서의 세부항목을 살펴보니 5,214억원에 달하는 기타비용이 유독 눈에 띕니다. 이런 경우 당기적자의 숫자를 그대로 받아들이기보다는 세부항목 중 5,214억원이라는 엄청난 금액에 달하는 기타비용의 내역을 확인해봐야 합니다.

여기서 손익계산서 등 재무제표에 나타난 숫자가 궁금한데, 이를 확인하는 방법이 있을까요? 그건 바로 재무제표의 주석을 찾아보는 것입니다. 이렇게 금액적으로 큰 항목에 대한 설명은 반드시 주석에 있으니 찾아보면 됩니다.

주석의 기타비용을 조회해보면, 기타비용의 세부내역이 나온다는 것을 알 수 있습니다. 기타비용의 내역 중 다른 항목은 전기대비 특이사항이 없

무형자산손상차손

자산은 시장가치가 현저히 하락하여 장기간 회복 불가능할 경우, 그 하락분 만큼 '자산손상차손'이라는 손실(비용)로 인식한다. 무형자산의 경우는 무형자산손상차손이 된다

는데, '무형자산손상차손'*이 2018년 83억원에서 2019년 4,403억원으로 비이상적으로 급증합니다. 결국 이 금액이 문제입니다.

그러므로 주석에서 '무형자산손상차손'을 다시 조회해보면, 그 금액에 대해 멜론이라는 기업의 인수 당시 인식한 영업권의 가치가 현저히 하락해 3,527억원의 손상차손을 인식했다고 기술되어 있습니다.

다소 복잡한 내용이지만, 상대기업을 인수합병하면서 일종의 프리미엄을 주고 사게 되는데, 이때 프리미엄이 영업권입니다. 이러한 영업권은 그 가치의 현저한 하락이 예상되는 경우 손상차손을 인식합니다. 손상차손에 대해 앞으로 차츰 알아보기로 하는데, 손상차손 자체는 현금의 유출이 없는 단순한 회계장부 상의 손실이라는 점에 유의해야 합니다. 즉 카카오가 인식한 3,527억원의 손상차손은 이상발생항목이긴 하지만, 이미 과다지불한 프리미엄을 없애주는 과정으로 당장 현금지출이 있거나 향후 현금의 추가적인 유출이 발생할 성격은 아니라 볼 수 있습니다.

이와 같이 손익계산서에서 이익항목을 볼 때는 큰 그림에서 매출액, 영업이익, 당기순이익이 전분기(혹은 전년도) 대비 추세적으로 증가하는지 등을 통해 사업이 잘되는지를 가늠합니다. 이후에는 손익계산서에 세부항목 중 큰 금액의 비용과 수익에 초점을 맞추어 주석을 통해 그 이유를 파악하는 순서로 진행하면 됩니다.

만일 이익항목을 살펴볼 때 당기순이익과 영업이익의 수치가 엇박자가 난 경우는 일단 영업이익의 수치를 중시하면 되지만, 보다 자세히 그 원인

을 살펴봐야 합니다. 방법은 그리 복잡하지 않습니다. 이익의 세부 구성항목 중 금액이 유난히 큰 항목이 무엇인지를 확인해 이에 대한 설명을 재무제표 주석에서 찾아보면 됩니다. 이렇게 하면 주식투자자로서 남다른 내공을 기를 수 있습니다.

📊 **재무제표 초보자를 위한 꿀팁!**

이익항목을 볼 때는 매출액, 영업이익, 당기순이익의 변동액을 통해 사업이 잘되고 있는지를 살펴봅니다. 이후 세부항목 중 그 비중이 큰 비용과 수익항목을 찾아서 주석의 설명을 확인하면 됩니다.

회사의 자산을 보려면
어떻게 해야 하나요?

회사의 자산, 부채와 자본은 재무상태표에 나와 있습니다. 재무상태표의 왼편(차변)을 보면 자산항목인데, 현재 회사가 보유하는 재산목록을 알 수 있습니다. 오른편(대변)을 보면 각각 현재의 부채항목과 자본항목을 알 수 있습니다.

재무상태표의 왼편의 재산목록은 대표적으로 매출채권, 재고자산, 금융자산, 유형자산, 무형자산 등으로 구성됩니다. 이들은 형태와 목적에 상관없이 회사가 자금을 투자해 보유하는 재산들입니다.

이들 자산항목을 보면 회사의 재산들이 어떤 내역으로 구성되어 있는지를 알 수 있습니다. 카카오의 예를 들어봅시다. 재무제표를 구체적으로 논의하는 것은 뒤로하고 여기서는 2019년말 연결재무상태표의 자산 금액만 잠시 언급합니다.

전체 자산은 8조 7,370억원인데 이중 무형자산의 금액이 3조 5,480억 원에 이릅니다. 전체자산 중 무형자산이 차지하는 비중이 무려 40%를 넘습니다. 카카오는 카카오톡이라는 플랫폼을 이용해 수익을 창출하는 기업이므로, 눈에 보이지 않는 무형의 자산이 많을 것입니다.

자산항목을 볼 때는
금액적으로 중요한 항목을 확인한다

이처럼 재무상태표의 자산항목을 볼 때 비중이 상대적으로 높거나 금액적으로 중요한 항목이 무엇인지를 우선 확인해야 합니다. 금액이나 비중이 중요하지 않은 항목은 나중에 살펴보겠지만 주가와도 관련성이 미약합니다.

그럼 어떤 항목이 금액적으로 중요할까요? 물론 정확한 답은 없지만, 필자는 총자산 규모의 10% 이상의 항목이면 투자자 관점에서 중요하다고 봅니다.

다음 페이지의 ㈜더존비즈온의 2019년말 연결재무상태표 중 자산항목을 통해 재무제표를 보는 요령을 알아봅시다. 표를 보면 2019년말 유형자산은 3,419억원이고 투자부동산*은 2,346억원인데, 두 항목이 자산항목 중 금액과 비중이 크다는 것을 알 수 있습니다. 여기서 유형자산은 영업활동을 위해 사용한 자산이고, 투자부동산은 단순 투자용이나 임대용 부동산을 말

> **투자부동산**
> 기업이 직접 사용할 목적이 아닌 단순히 투자용 목적으로 소유하는 부동산을 의미한다

㈜더존비즈온의 자산항목

(단위: 원)

자산	제 41 기 (2017년)	제 42 기 (2018년)	제 43 기 (2019년)
유동자산	122,911,461,500	149,280,605,972	102,028,657,923
현금및현금성자산	52,638,388,031	44,151,630,313	33,690,201,225
기타금융자산	24,810,867,383	63,733,387,012	13,557,840,879
매출채권및기타유동채권	34,561,908,237	37,952,903,243	48,593,448,329
기타유동자산	9,798,336,206	1,882,655,342	4,696,430,135
재고자산	1,101,961,643	1,560,030,062	1,490,737,355
비유동자산	151,371,725,311	129,420,833,714	624,984,122,710
매도가능금융자산	1,903,651,416		
유형자산	103,531,563,188	83,632,630,820	341,975,040,427
사용권자산			3,641,895,103
투자부동산	4,350,207,995	4,307,703,777	234,655,850,696
무형자산	28,977,840,819	27,980,325,277	30,971,279,214
기타비유동금융자산	6,633,737,484	7,812,905,275	7,594,199,243
이연법인세자산	5,974,724,409	5,687,268,565	6,145,898,027
자산총계	274,283,186,811	278,701,439,686	727,012,780,633

출처: ㈜더존비즈온의 2019년도 사업보고서 중 연결재무제표

자가사용

건물 등 자산을 취득해 임대 등을 하지 않고 회사가 직접 사용하는 경우를 말한다

합니다. 만약 부동산을 자가사용*목적으로 보유한다면 유형자산이고, 단순히 투자용(임대용) 목적으로 소유하는 경우는 '투자부동산'입니다.

재무상태표에서 금액적으로 중요한 항목을 확인한 이후에는, 그 자산항목이 전기대비 얼마만큼 증감했는지를 확인해야 합니다. 금액적으로 중요한 자산항목의 큰 변동은 주가와 직결되는 영업이익과 각종 현금흐름에 큰 영향을 미치게 되므로 이들을 확인하는 것입니다.

위의 더존비즈온의 자산항목 중 금액적으로 중요한 유형자산과 투자부동산을 살펴봅시다. 유형자산과 투자부동산의 두 항목 모두 전기(2018년) 대비 급증했는데, 유형자산은 2,583억원, 투자부동산은 2,303억원 증가했습니다. 앞으로는 이들 항목이 어떤 이유로 증가했는지만을 파악하면 훌륭

합니다!

　구체적인 내용은 재무제표 주석을 통해 확인할 수 있지만 여기서는 결론만 얘기해봅시다. 당기 중 새롭게 취득(투자)한 유형자산(건물 및 관련 토지)은 4,750억원이고, 이중 임대용으로 사용하는 부분은 투자부동산으로 2,291억원이 기록되어 있습니다. 결과적으로 새롭게 취득한 건물 등으로 인해 유형자산 2,459억원이 증가하고, 투자부동산은 2,291억원이 증가한 것입니다.

　이처럼 재무상태표의 차변은 회사가 자금을 투자한 내역입니다. 현금을 지출했는데, 재산을 취득하는 등 어떤 형태로든 회사가 보유하는 내역입니다. 이들 재산 목록 중 금액적으로 중요한 항목을 파악하고, 중요한 항목이 전기대비 얼마만큼 증감했는지를 확인하면서 주석 등을 통해 그 이유를 파악한다면 재무제표의 자산항목은 제대로 보는 것입니다.

> **재무제표 초보자를 위한 꿀팁!**
>
> 자산항목을 볼 때 금액적으로 중요한 항목이 뭔지를 우선 파악하고, 그러한 중요한 자산항목이 전기대비 얼마만큼 증감했는지를 확인합니다. 이들의 변동 사유는 주석에 나오니 확인하면 됩니다.

회사의 부채와 자본을 보려면 어떻게 해야 하나요?

재무상태표의 오른편(차변)은 부채와 자본항목을 보여줍니다. 재무상태표의 차변이 회사의 재산목록이라면, 대변은 그 재산에 대한 권리를 갖는 채권자와 주주의 몫을 표기해주는 것이라 볼 수 있습니다. 채권자는 사전약정이나 계약에 의해 정해진 금액의 권리를 갖는데, 회사는 이를 부채로 표기합니다. 또한 주주는 전체 재산 중에 부채를 차감한 나머지 부분에 대한 권리를 갖는데, 회사는 이를 '자본'이라 표기합니다.

부채는 다양한 형태를 가지는데, 매입채무, 금융부채, 충당부채 등이 그것입니다. 매입채무는 일종의 외상매입금이고 금융부채는 사채나 차입금 등 순수한 자금차입금입니다. 반면 충당부채는 미래에 돈이 지불될 성격의 가상의 부채라 볼 수 있습니다. 이러한 충당부채에는 퇴직급여충당금, 제품보증충당금, 공사손실충당금, 장기수선충당금 등 이름만 들어도 복잡한 항목들이 많습니다.

자본도 다양한 형태를 갖지만, 각종 법규를 통해 공시와 관리 상 규제를 받기 때문에 대부분 항목은 법에 의해 정해져 있습니다. 회사가 주식을 발행하게 되면 현금이 들어오는데 이는 자본금과 자본잉여금* 항목을 구성합니다. 반면 회사가 영업을 잘해 매년 이익을 벌어들이면 이는 이익잉여금* 항목을 구성합니다. 이러한 이익잉여금은 결국 회사의 주인인 주주의 몫으로 볼 수 있습니다.

자본잉여금

주주와의 자본거래에서 발생되는 성격으로, 자본금(액면금액)을 초과하는 잉여금을 말한다

이익잉여금

이익의 사내유보에서 발생하는 잉여금이나 손익거래에 의해서 발생한 잉여금을 의미한다

주식투자자는
큰 금액의 부채와 자본 변동을 보면 된다

부채와 자본항목을 볼 때는 우선 전체적인 구성을 보면서 금액적으로 중요한 항목이 무엇인지를 확인해야 합니다. 금액이나 비중이 중요하지 않은 항목은 말 그대로 중요하지 않기 때문에 주가와 관련성이 미약합니다.

그런데 이렇게 금액적으로 중요한 부채와 자본항목에 전기와 비교해 큰 변동이 발생하면 이를 살펴봐야 합니다. 여기서 부채와 자본항목에 큰 증가가 있었다면, 이는 회사가 채권자나 주주로부터 큰 자금을 조달했기 때문입니다. 반대로 부채와 자본항목에 큰 감소가 있었다면 이는 돈을 환원하거나 갚았기 때문입니다.

즉 재무상태표의 대변은 회사가 자금을 조달한 내역인데, 회사가 채권자에게 돈을 빌리면 부채항목으로 기록하고 주주에게 돈을 끌어오면 자본항목으로 기록합니다. 이때 재무상태표의 부채와 자본항목의 변동이 있었다면, 그건 회사가 당기에 새롭게 자금을 조달했기 때문입니다.

㈜더존비즈온의 재무상태표에서 부채항목을 통해 이러한 내용을 알아봅시다. 아래 재무상태표의 부채항목을 보면, 유동부채와 비유동부채로 구분됩니다. '유동부채'는 상환기간이 1년 이내인 단기부채이고, '비유동부채'는 상환기간이 1년 이후인 장기부채입니다.

아래 ㈜더존비즈온의 경우, 2019년(제43기) 총부채가 3,668억원입니다. 이렇게 총부채 규모의 10% 정도인 400억원이 넘는 금액은 중요한 부채항목으로 봐도 무방합니다. 이렇게 400억원 이상의 항목에서 큰 변동이 발생한 세부항목을 찾아봅시다.

400억원 이상 규모의 세부항목 중 큰 변동성을 보이는 항목에 장기차

㈜더존비즈온의 부채항목

(단위: 원)

부채	제 41 기(2017년)	제 42 기(2018년)	제 43 기(2019년)
유동부채	88,182,725,910	91,164,247,618	98,680,087,581
매입채무및기타유동채무	20,919,422,797	24,772,532,584	27,575,357,038
단기차입금	3,000,000,000	18,000,000,000	18,000,000,000
유동성장기부채	25,000,000,000		
유동성리스부채	263,453,085	276,446,887	2,341,338,320
기타금융부채	321,067,898	2,063,492,586	1,076,549,239
기타유동부채	31,563,065,287	38,543,173,290	41,082,257,145
당기법인세부채	7,115,716,843	7,508,602,271	8,604,585,839
비유동부채	4,541,085,227	7,239,028,930	268,141,111,106
장기매입채무및기타비유동	323,477,577	459,772,962	550,318,895
장기차입금			250,000,000,000
확정급여부채	3,337,523,149	6,092,078,354	5,970,343,520
비유동리스부채	610,534,301	334,087,414	743,984,191
기타비유동금융부채	269,550,200	353,090,200	10,876,464,500
부채총계	92,723,811,137	98,403,276,548	366,821,198,687

출처: ㈜더존비즈온의 2019년도 사업보고서 상 재무상태표

입금*이 눈에 띕니다. 전기까지 없던 항목인데 2019년에 2,500억원이 발생한 것입니다. 이와 같이 장기차입금 항목은 중요한 항목임과 동시에, 그 변동금액도 크다는 것을 알 수 있습니다.

장기차입금

기업이 운영자금 및 투자를 위해 외부로부터 차입한 자금으로, 지급기한이 1년을 초과하는 것을 말한다

회사가 이와 같이 큰 금액의 돈을 차입했다면 그 이유를 알아보는 게 중요합니다. 나중에 설명하겠지만, 그 이유는 재무제표 주석에 나와 있습니다. 즉 재무제표 주석을 보면, 차입금 내역이 상세히 나와 있습니다. 결론만 말하면, ㈜더존비즈온이 부영을지빌딩을 매입하기 위해 자금을 차입하면서 발생한 것입니다.

회사가 부채를 통해 재원을 마련하든 아니면 자본을 통해 재원을 마련하든 대규모의 자금을 조달했다면 그 이유를 살펴보는 것이 매우 중요합니다. 부채 등 대규모 자금조달이 회사가 영업확대를 하기 위한 시설 투자* 등을 위한 재원 마련인지, 그렇지 않으면 회사가 생존하기 위한 운영자금 확보를 위한 것인지를 확인해야 합니다. 만약 전자라면 장기 주가에 긍정적 시그널이 될 수 있지만, 그렇지 않으면 상당히 악재로 볼 수 있습니다.

이처럼 재무상태표의 대변은 회사가 자금을 끌어온 내역입니다. 자금을 채권자로부터 빌려오면 부채항목으로 기재하고, 주식발행 등을 통해 주주로부터 끌어오면 자본항목으로 기재합니다. 이들 부채와 자본항목 중 금액적으로 중요한 항목을 파악하고, 중요한 항목이 전기대비 얼마만큼 증감했는지를 확인하면서 주석 등을 통해 그 이유를 파악한다면 재무제표의 부채와

시설 투자

제품, 구조물 등을 만들거나 각종 서비스를 제공하기 위한 시설에 자금을 투자함을 의미한다

자본항목은 제대로 보는 것입니다.

　이와 같이 금액적으로 중요한 부채와 자본항목이 전기와 비교해 큰 변동이 발생했다면 이들의 영향은 매우 중요합니다. 나중에 살펴보겠지만 특히 전환사채의 발행이나 유상증자는 주가에 직접적으로 영향을 미치게 됩니다.

 재무제표 초보자를 위한 꿀팁!

부채와 자본항목을 볼 때도 금액적으로 중요한 항목이 무엇인지를 우선 파악하고, 그러한 중요한 부채 및 자본항목에 큰 변동이 있었다면 주석 설명을 통해 그 이유를 확인합니다. 특히 이들의 큰 변동액은 주가에 민감한 영향을 줍니다.

질문 TOP 12

재무제표의 주석도 봐야 하나요?

'재무제표'라 함은 재무상태표, 손익계산서, 자본변동표, 현금흐름표라는 4개의 장부에 더해 이들 장부를 설명하는 재무제표 주석까지 포함됩니다.

대부분 투자자들은 재무제표를 보더라도 주석은 간과하는 경우가 많습니다. 그런데 사실 재무제표에는 다양한 항목에 대한 숫자가 기록되어 있으나 단지 숫자들만 보고는 왜 그런 숫자가 발생했는지 알 수 없습니다.

앞서 손익계산서와 재무상태표를 통해 이익항목, 자산항목, 부채와 자본항목을 보는 요령을 알아보았는데, 그러한 항목 중 세부사항*을 알고 싶은 경우에는 반드시 해당 주석을 먼저 살펴봐야 합니다.

> **세부사항**
>
> 재무제표의 각 항목과 관련된 발생원인, 관련 거래, 각종 회계처리방법 등의 세부사항을 의미한다

해당 주석을 봐야지만
해당 항목을 이해할 수 있다

다시 한 번 손익계산서와 재무상태표를 보는 요령을 간단히 설명하면 다음과 같습니다. 손익계산서를 통해 수익, 비용 및 이익항목에서 금액적으로 중요한 항목과 그 변동금액을 파악합니다. 유사하게 재무상태표를 통해 자산, 부채 및 자본항목 중 중요한 항목을 파악하고, 중요한 항목이 전기대비 얼마만큼 증감했는지를 확인해야 합니다. 마지막 단계가 바로 주석 등을 통해 중요항목에 대한 설명을 읽어보는 것입니다.

재무제표 주석 중 일부는 복잡한 회계용어가 있기도 하지만 인터넷에서 용어검색 등을 해보면 대충은 그 내용을 파악할 수 있습니다. 재무제표에서 중요한 항목의 숫자가 왜 그렇게 되었는지를 파악하고자 하는 것만으로도 엄청난 성과임을 분명히 알아야 합니다.

주석은 통상 자료의 양이 방대하므로, 모든 내용을 다 읽을 필요는 없습니다. 앞에서 파악한 재무제표의 중요한 항목과 관련된 필요한 정보만 찾아서 확인하면 됩니다. 이에 대해 더 알고 싶은 뉴스나 신문기사를 검색해보면 나오는 경우도 많으니 참고하면 됩니다.

재무제표가 교과서라면, 주석은 일종의 해설서 또는 참고서라 볼 수 있습니다. 재무제표 주석은 회사의 중요한 경제적 사건과 거래에 대해 자세하게 설명해줍니다. 주석을 본 적도 없는 투자자들도 많은데 이는 투자자로서는 크게 놓치는 것이니 주석을 보는 습관을 길러야 합니다.

다음은 ㈜네이버의 2020년도 사업보고서*의 목차와 재무제표 주석 부분입니다. DART(금융감독원 전자공시시스템)를 통해 사업보고서나 재무제표

㈜네이버의 2020년도 재무제표 주석

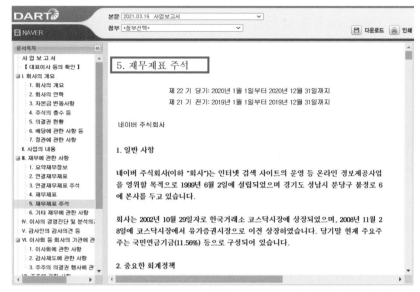

출처: ㈜네이버의 2020년도 사업보고서 중 재무제표 주석

에 접근하는 구체적인 방법은 차후에 설명하기로 하고 여기서는 주석을 바로 확인해봅시다.

회사의 재무제표는 연결재무제표*와 (별도)재무제표가 있는데, 각각의 재무제표에는 해당 주석이 있습니다. 위와 같이 붉은색 박스 부분의 (별도)재무제표 주석을 열어보면 주석이 번호순서대로 나옵니다.

재무제표 주석은 재무제표에서 중요한 항

사업보고서

상장기업은 매 사업년도말 이후 일정기간 이내 감사받은 재무제표 등을 포함한 사업보고서를 금융감독위원회와 증권거래소에 제출해야 한다

연결재무제표

어떤 기업이 자신의 (별도)재무제표와 종속기업(자회사 등)들의 재무제표를 합산해 작성하면 연결재무제표가 된다

목에 대해 그 숫자가 발생한 이유를 설명해주는 매우 중요한 해설서입니다. 그러니 재무제표를 볼 때 주석을 배제하고 본다면 사실 재무제표를 본 것이 아니라고 해도 과언이 아닙니다. 재무제표 항목 중 세부 사항을 알고자 할 때는 재무제표의 주석을 꼭 찾아봅시다.

 재무제표 초보자를 위한 꿀팁!

재무제표 주석은 자세하고도 매우 훌륭한 해설서입니다. 주석은 통상 방대하므로, 모든 내용을 다 읽을 필요는 없습니다. 재무제표의 중요한 항목과 관련된 필요한 정보만 찾아서 확인하면 됩니다.

연결재무제표와
별도재무제표는 뭐가 다르죠?

㈜삼성전자는 2020년말 기준 241개의 엄청난 수의 자회사를 가지고 있습니다. 삼성전자가 어떤 회사에 대한 상당한 지분을 가지고 실질적 지배력을 가질 때 그 회사를 '자회사'라 하며 정확히는 '종속기업'*이라고 부릅니다.

예를 들면 ㈜삼성전자는 자산 50조원 규모의 ㈜삼성디스플레이의 지분 중 약 85%(2020년말 기준)를 보유하고 있습니다. 이때 ㈜삼성전자가 지배기업이 되고 ㈜삼성디스플레이는 종속기업이 됩니다. 이처럼 A기업이

종속기업

A기업이 B기업의 의결권있는 지분을 50%를 초과하여 보유하는 등 실질적 지배력을 가질 때, A기업은 지배기업이 되고 B기업은 종속기업이 된다

의결권

주주가 자신의 의사표시를 통해 주주총회의 공동의 의사결정에 지분적으로 참가할 수 있는 권리를 말한다

B기업에 대한 의결권* 있는 지분을 50%를 초과해 보유하고 있을 때 통상 지배력이 있다고 보아, A기업은 지배기업이 되고 B기업은 종속기업이 됩니다.

그렇지만 지분율*이 50%를 초과하지 않더라도 A기업이 B기업의 실질적인 의사결정기구를 조정할 수 있다면 사실상 지배력이 있다고 보게 되어, 지배기업과 종속기업의 관계가 성립됩니다.

지배기업 혹은 종속기업들이 각각 작성하는 재무제표를 '별도재무제표'라 부릅니다. 그리고 지배기업과 종속기업들의 별도재무제표를 합산해 보고하는 것이 바로 '연결재무제표'입니다.

다음의 ㈜LG전자 관련 기사를 봅시다.

"LG전자는 올 2분기 연결기준* 잠정 실적(LG이노텍 포함)은 매출 12조 8,340억원, 영업이익 4,931억원으로 집계됐다고 7일 밝혔다. 코로나19 영향으로 전년 동기 대비 매출액과 영업이익은 각각 17.9%, 24.4% 감소했다. 이날 실적은 증권업계에서 예상한 영업이익 전망치(컨센서스)인 4,011억원을 훌쩍 뛰어넘는 수치다."(LG전자 '깜짝실적'*… 월풀 제치고 가전 세계 1위 굳히기, 2020년 7월 8일, 매일경제신문 황순민 기자)

위 신문기사와 같이, 기업의 실적은 통상적으로 '연결기준'으로 발표됩니다. 기업회계기

지분율

전체 발행주식 가운데 특정인이나 기업이 보유한 주식의 비율을 의미한다

연결기준

지배기업의 재무제표와 종속기업들의 재무제표를 합산하여 작성한 연결재무제표 상의 금액 기준을 말한다

깜짝실적

상장기업이 분기별 실적을 발표할 때, 애널리스트 등이 예상하는 시장기대치를 훨씬 초과하는 놀라운 실적을 의미한다. 어닝서프라이즈와 유사한 말이다

준에서 연결재무제표를 기본 재무제표로 규정하고 있기 때문입니다.

앞의 기사에서 연결기준에 포함시키는 ㈜LG이노텍이라는 자회사가 보입니다. 당시 ㈜LG전자는 ㈜LG이노텍의 지분 중 40.8%만을 가지고 있는데 왜 종속기업에 포함시켰을까요? 그 이유는 의결권의 과반수를 보유하지 않더라도 사실상 지배력이 있기 때문입니다. 사실상 지배력에 대해서는 기업회계기준에 상세히 규정되어 있으므로 이를 따르면 됩니다.

연결재무제표는 지배기업과 종속기업의 별도재무제표를 합한 것이다

연결재무제표는 지배기업과 종속기업의 별도재무제표를 합산해 보고하는 것입니다. 우리가 알고 있는 삼성전자, LG전자, SK하이닉스, 현대차 등 대기업들은 통상 많은 자회사를 보유하고 있습니다. 대기업뿐만 아니라 많은 기업들이 다수의 자회사를 보유합니다.

A기업과 B기업이 각자의 재무제표를 작성하면 각각이 별도재무제표입니다. 그런데 A기업이 자신의 재무제표와 B기업을 포함한 종속기업들의 재무제표를 합산해 작성하면 연결재무제표가 됩니다.

연결재무제표는 연결손익계산서, 연결재무상태표, 연결현금흐름표*, 연결자본변동표, 연결재무제표 주석 등으로 구성됩니다. 여기서는 연결손익계산서와 연결재무상태표를 간략히 살펴봅시다.

연결현금흐름표

지배기업과 종속기업들의 재무제표를 합산하여 작성한 연결재무제표 상의 현금흐름표를 말한다

우선 연결손익계산서를 알아봅시다. 연결손익계산서는 지배기업과 종속기업들의 별도손익계산서를 모두 합산합니다. 매출액, 영업비용, 영업이익, 당기순이익 등 대부분 항목이 단순 합산한 개념으로 보면 됩니다.

그렇지만 지배기업이 각각의 종속기업들의 지분을 100% 가지고 있는 게 아니므로, 이익을 단순 합산하는 것은 문제가 있어 보입니다. 그래서 연결손익계산서의 이익은 논리적으로 지배기업의 이익에 종속기업들의 이익 중 지분율만큼만 합산하는 것이 맞습니다.

단순 합산한 당기순이익과 지배주주 순이익을 별도로 보여준다

현행 기업회계기준에서는 매출액, 영업비용, 영업이익, 당기순이익 등 모든 단계에서 일단 합산한 형태로 보여주도록 하고 있습니다. 이후, 당기순이익 단계에서 지배기업의 당기순이익과 각각의 종속기업들에 대한 해당 지분율만큼의 당기순이익을 합산한 '지배주주 순이익'*을 별도로 보여주도록 하고 있습니다. 여기서 당기순이익 중 지배주주 순이익을 제외한 나머지 순이익분이 '비지배주주 순이익'으로 표시됩니다.

지배주주순이익

연결재무제표 상에서 지배기업의 순이익과 종속기업들에 대한 지분율만큼의 순이익을 합산하면 지배주주순이익이 된다

다음은 ㈜LG전자의 2020년 연결손익계산서 상의 실적입니다. 연결재무제표 기준으로 매출 약 63.3조원, 영업이익 3.2조원, 당기순이익 2조원입니다. 이는 ㈜LG전자의 매출과 이

㈜LG전자 2020년 연결손익계산서

연결 손익계산서

제 19 기 2020.01.01 부터 2020.12.31 까지
제 18 기 2019.01.01 부터 2019.12.31 까지
제 17 기 2018.01.01 부터 2018.12.31 까지

(단위: 백만원)

	제 19 기	제 18 기	제 17 기
매출액	63,262,046	62,306,175	61,341,664
매출원가	46,945,103	46,970,606	46,260,620
매출총이익	16,316,943	15,335,569	15,081,044
판매비와관리비	13,121,956	12,899,430	12,377,753
판매비	7,784,118	7,621,228	7,431,183
관리비	1,311,758	1,361,419	1,341,955
연구개발비	2,513,181	2,483,406	2,324,022
서비스비	1,512,899	1,433,377	1,280,593
영업이익	3,194,987	2,436,139	2,703,291
금융수익	658,138	426,248	487,370
금융비용	1,116,043	714,001	796,569
지분법이익(손실)	(24,177)	(1,052,096)	(77,161)
기타영업외수익	2,591,900	1,375,967	1,251,599
기타영업외비용	2,849,162	1,943,619	1,559,955
법인세비용차감전순이익(손실)	2,455,643	528,638	2,008,575
법인세비용	391,853	348,690	535,761
당기순이익(손실)	2,063,790	179,948	1,472,814
당기순이익의 귀속			
지배기업의 소유주지분	1,968,332	31,285	1,240,139
비지배지분	95,458	148,663	232,675
주당순이익(단위:원)			
기본주당순이익(손실): (단위 : 원)			
보통주기본주당순이익 (단위 : 원)	10,926	169	6,882
우선주기본주당순이익 (단위 : 원)	10,976	219	6,932

출처: ㈜LG전자 2020년도 사업보고서 상 연결손익계산서

익을, 각 자회사들의 매출과 이익을 단순 합산한 수치입니다.

위에서 ㈜LG전자의 2020년 당기순이익(붉은색 박스)을 보면, 약 2조원입니다. 이 금액은 ㈜LG전자의 당기순이익과 종속기업들의 당기순이익을

그대로 합산한 것이라 보면 됩니다.

　그런데 연결손익계산서의 이익은 논리적으로 지배기업의 이익에 종속기업들의 이익 중 지분율만큼만 합산하는 것이 맞습니다. 이러한 관점에서 ㈜LG전자의 당기순이익과 각 종속기업들에 대한 해당 지분율만큼의 당기순이익을 합산하면 '지배주주 순이익(푸른색 박스)'인 1조 9,683억원입니다. 나머지 순이익분은 '비지배주주 순이익'인 954억원입니다.

　예를 들면 ㈜LG전자는 ㈜LG이노텍의 지분 중 40.8%를 가집니다. 당시 LG이노텍의 당기순이익, 1,865억원은 일단 연결손익계산서의 당기순이익에 그대로 합산되고, 이후 지배주주 순이익에서는 1,865억원의 40.8%인 761억원만이 포함됩니다.

　㈜LG전자의 실질적인 당기순이익은 바로 지배주주지분 순이익이 됩니다. 이와 같이 연결손익계산서를 볼 때는 각 단계별 이익뿐만 아니라, 종속기업들의 지분율을 고려하는 지배주주지분 순이익을 함께 봐야 합니다.

연결재무상태표도 일단 합산하고
자본에서 지분율을 고려한다

　연결재무상태표도 지배기업과 종속기업들의 별도재무상태표를 모두 합산해 보여줍니다. 그 이후 자본 단계에서 지배기업의 자본과 각 종속기업들에 대한 해당 지분율만큼의 자본을 합산해 '지배주주지분'이라는 이름으로 별도로 보여줍니다. 나머지 자본은 '비지배주주지분'으로 구분 표시합니다.

　다음의 ㈜LG전자의 2020년 연결재무상태표에서 자본총계(붉은색 박스)

㈜LG전자 2020년 연결재무상태표

연결 재무상태표

제 19 기 2020.12.31 현재
제 18 기 2019.12.31 현재
제 17 기 2018.12.31 현재

(단위: 백만원)

	제 19 기	제 18 기	제 17 기
자산			
유동자산	23,239,420	19,753,485	19,362,854
비유동자산	24,964,807	25,106,390	24,965,589
자산총계	48,204,227	44,859,875	44,328,443
부채			
유동부채	20,207,492	17,657,916	17,135,029
비유동부채	10,454,610	10,776,821	10,886,507
부채총계	30,662,102	28,434,737	28,021,536
자본			
지배기업의 소유주자본	15,437,500	14,330,085	14,253,268
자본금	904,169	904,169	904,169
주식발행초과금	3,088,179	3,088,179	3,088,179
이익잉여금	13,652,837	11,857,302	12,075,414
기타포괄손익누계액	(1,997,921)	(1,309,801)	(1,604,730)
기타자본구성요소	(209,764)	(209,764)	(209,764)
비지배지분	2,104,625	2,095,053	2,053,639
자본총계	17,542,125	16,425,138	16,306,907
부채와 자본 총계	48,204,227	44,859,875	44,328,443

출처: ㈜LG전자 2020년도 사업보고서 상 연결재무상태표

를 보면, 약 17.5조원입니다. 이 금액은 ㈜LG전자의 자본과 종속기업들의 자본을 그대로 합산한 것이라 보면 됩니다.

한편 ㈜LG전자의 자본에 각각의 종속기업들에 대한 해당 지분율만큼의 자본만을 합산하면 '지배주주지분(푸른색 박스)'인 15.4조원입니다. 나머지 자본분은 '비지배주주지분'인 2.1조원입니다. LG전자의 실질적인 자본총계는 바로 지배기업주주지분이 됩니다.

이와 같이 연결재무상태표를 볼 때는 종속기업에 대한 지분율을 고려하

는 지배주주지분을 함께 봐야 합니다.

요약하면 지배기업과 종속기업이 각자의 재무제표를 작성하면 각각이 별도재무제표가 되고, 지배기업과 종속기업의 별도재무제표를 합산해 보고하면 연결재무제표가 됩니다. 많은 상장기업들은 통상 자회사를 보유하고 있으므로, 연결재무제표 상의 실적을 중심으로 별도재무제표를 함께 봐야 합니다.

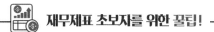 **재무제표 초보자를 위한 꿀팁!**

연결재무제표는 지배기업과 종속기업들의 별도재무제표를 모두 합산해 보여줍니다. 다만 지배기업의 각 종속기업에 대한 해당 지분율을 별도로 고려해 구분한 정보를 부가해 보여줍니다.

분기재무제표와 연간재무제표가 따로 있나요?

▶ **저자직강 동영상 강의로 이해 쏙쏙**
QR코드를 스캔하셔서 동영상 강의를 보시고
이 칼럼을 읽으시면 훨씬 이해가 잘됩니다!

　　재무제표에 앞서 우선 '사업보고서'라는 용어를 알 필요가 있습니다. 사업보고서 내에 재무제표가 포함되기 때문입니다. 사업보고서란 상장기업이 해당 법률에 따라 해당 기업의 각종 사업상황, 재무상황 및 경영실적 등 기업내용을 일반투자자들에게 정기적으로 공개하는 보고서를 말합니다. 복잡할 것 없이 사업보고서 속에 재무제표가 있다고 보면 간단합니다.

　　이렇게 재무제표를 포함하는 사업보고서는 분기, 반기 그리고 연간마다 주기적으로 발표됩니다. 그래서 사업보고서는 발행시점마다 분기보고서*, 반기보고서*, 사업보고서 등으로

> **분기(반기)보고서**
>
> 상장기업은 분기·반기말 경과 후 일정기간 이내에 재무제표를 포함한 분기(반기)보고서를 금융위원회와 한국거래소에 제출해야 한다

감사인

상장기업 등은 기업 외부의 독립적인 공인회계사에 의한 회계감사를 받아야 하는데, 이때 공인회계사를 감사인이라 한다

이름만 달리 불리고 있습니다. 즉 분기보고서는 1분기와 3분기 기간을 대상으로 재무제표를 포함한 공시사항이 기재됩니다. 반기보고서는 매년 상반기(1월-6월)의 기간을 대상으로 재무제표를 포함한 공시사항이 기재됩니다. 연간 발행되는 사업보고서는 용어 그대로 사업보고서라고 하며, 감사인*에 의해 감사받은 연간 재무제표를 포함한 공시사항이 기재됩니다. 복잡한 듯한데, 간단히 말하면 1분기, 3분기 이후 분기보고서, 2분기 이후 반기보고서, 연도말 이후 사업보고서가 발행되며 해당기간의 실적을 포함해 사업내용 등을 담습니다.

가장 최근 분기의
보고서를 봐야 한다

만약 지금이 2021년 5월말이라면 기업들은 1분기보고서를 발행했을 것입니다. 분기보고서는 해당 분기말 이후 45일 이내(연간보고서는 90일 이내) 공시해야 하기 때문입니다. 그렇다면 여러분은 가장 최근인 1분기 동안의 분기보고서에 포함된 분기재무제표를 통해 가장 최근의 기업실적 등을 파악할 수 있습니다.

분기보고서 등 사업보고서에 포함된 재무제표를 통해 실적이 좋은 회사를 골라 그 이유를 살펴보게 됩니다. 이렇게 실적이 좋은 회사를 발굴하고 그 이유를 살펴보는 방법은 차근차근 알아보게 될 것입니다. 여기서는 가장

최근의 분기, 반기 그리고 연간 사업보고서를 다운받아 그 속에 재무제표를 살펴보면 된다는 것 정도만 기억하면 되겠습니다.

가장 최근의 재무제표를 통해 좋은 실적의 기업을 잘 고른다면 이미 고수의 가치투자자의 반열에 올랐다고 해도 과언이 아닙니다. 물론 좋은 실적의 기업의 주식을 골랐다 해도 끝도 없는 장기투자는 능사가 아닙니다. 기업은 계속해서 영업활동을 수행하고 있으므로, 스마트 투자자라면 분기별로 발표되는 가장 최근의 재무제표를 꼭 챙겨보면서 분기실적에 따라 지속적으로 주식을 보유할지를 고민해야 합니다.

기업의 분기실적을 다각도로 비교한다

많은 투자자들이 분기별 이익과 연도별 이익 중 어떤 항목을 중시해야 하는지 궁금해하는데, 주가와 관련된 이익은 우선적으로 분기별 이익입니다. 매분기별로 이익을 살펴보는데, 매출액, 영업이익, 당기순이익 등이 전분기보다 좋아졌는지를 우선적으로 봐야 합니다. 이번 분기에 장사를 잘했다면 전분기보다 매출액, 영업이익, 당기순이익이 좋아집니다. 물론 이러한 이익 지표 중에 영업이익의 수치를 가장 중시합니다. 영업이익은 기업의 가장 본원적인 영업활동에서 창출된 이익이므로 장기지속적 이익의 성격을 가지기 때문입니다.

나아가 매출액, 영업이익, 당기순이익 등이 전년도의 동일분기보다 좋아졌는지를 봐야 합니다. 통상 기업의 사업은 계절성이 있기 때문입니다. 기업이나 산업별로 1분기, 2분기, 3분기, 4분기의 각 분기 중에 사업이 잘되는 시기가 따로 있습니다.

이처럼 재무제표를 체크해 좋은 실적의 기업을 선별한 이후에는 기업의 분기 실적이 성장하는지를 잘 관찰하면서 주식을 장기보유하면, 시장 변동성에 흔들릴 필요 없이 편안하게 투자수익을 낼 수 있습니다.

혹시 여러분이 재무제표가 처음이라도 너무 두려워할 필요가 없습니다. 재무제표 항목을 일일이 살펴보기보다는 재무제표에서 꼭 봐야 할 중요한 항목만 분기별로 체크해보면 됩니다. 그 요령도 차츰 함께 알아볼 것입니다. 주가는 종국에는 재무제표가 보여주는 진실에 수렴한다는 사실을 믿고, 재무제표에서 주가와 관련된 중요한 항목만 체크하면 된다는 사실을 기억합시다.

재무제표 초보자를 위한 꿀팁!

재무제표는 분기, 반기 그리고 연간으로 해서 주기적으로 발표됩니다. 주식투자자라면 무엇보다 기업의 분기 실적이 성장하는지를 잘 관찰하는 것이 중요합니다.

워런 버핏, 피터 린치 등 주식 부자들은 항상 재무
제표를 옆에 끼고 있다. 주식 부자들은 매순간 변
화하는 주식 시세보다는 기업의 실적에 관심을 갖
기 때문이다. 재무제표를 통해 기업의 실적을 읽는
요령은 생각보다 그리 어렵지 않다. 2장에서는 주
식투자자가 꼭 알아야할 재무제표 용어를 포함해
손쉽게 재무제표에 접근해서 기업의 실적을 읽는
방법을 설명한다. 이제부터는 자신 있게 기업의 실
적을 읽어내자.

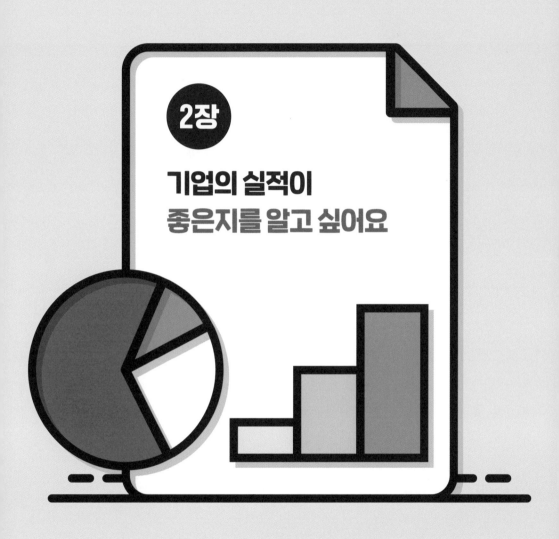

2장

기업의 실적이
좋은지를 알고 싶어요

증권사 자료와 네이버 중 어떤 재무제표 자료가 낫나요?

▶ **저자직강 동영상 강의로 이해 쑥쑥**
QR코드를 스캔하셔서 동영상 강의를 보시고
이 칼럼을 읽으시면 훨씬 이해가 잘됩니다!

주린이가 가장 쉽게 재무제표에 접근할 수 있는 방법은 크게 두 가지입니다. 하나는 증권사 HTS입니다. 다른 하나는 네이버 금융입니다.

그렇지만 증권사 자료나 네이버 금융 모두 완전한 재무제표를 보여주는 것은 아닙니다. 투자자들이 흔히 관심을 갖는 가장 기본적인 손익정보나 총계 규모의 자산, 부채 및 자본 등의 요약적인 정보만을 보여준다는 사실에 유념해야 합니다.

그럼 완전한 재무제표는 과연 어떻게 찾아볼 수 있을까요? 재무제표는 DART(금융감독원 전자공시시스템)을 통해 접근하고 다운받을 수 있습니다. 이에 대해서는 다음 장에서 제대로 알아봅시다.

완전한 재무제표를 직접 찾아보는 수고는 상당합니다. 따라서 이러한 수고를 덜하면서 가장 손쉽게 기본적인 정보에 접근할 수 있는 방법이 바로 증권사 HTS와 네이버 금융을 이용하는 것입니다.

물론 증권사 HTS나 네이버 금융은 기본적인 손익정보나 총계 규모의 자산, 부채 및 자본 등의 요약적인 정보를 제공하기 때문에 완전한 재무제표 상의 정보에는 미치지 못합니다. 그렇지만 투자종목이나 관심종목에 대한 개괄적인 실적을 수시로 확인할 수 있다는 장점이 큽니다. 나아가 단지 재무제표 상의 수치뿐만 아니라 기업개요, 부채비율 등 각종 재무비율, PER, PBR 등 투자지표를 보기 쉽게 제공합니다. 여기에 그치지 않고 주식투자자들에게 매우 유용한 애널리스트들의 실적예측치도 함께 보여줍니다.

증권사 HTS의 재무제표를 수시로 확인하자

우리가 종목을 발굴하거나, 이미 투자하는 종목이 있다면 언제나 증권사 HTS화면에서 재무제표를 확인해야 합니다. 대부분의 투자자는 호가창의 시세변화나 주가그래프는 항상 보지만, 의외로 재무제표를 살펴보지 않습니다.

대부분의 증권사 HTS에서 제공하는 재무제표 정보는 대체로 유사합니다. 오른쪽 그림은 키움증권에서 제공하는 요약 재무제표 정보의 예입니다. 우선 손익계산서 정보를 살펴봅시다.

증권사 HTS의 손익계산서

IFRS(연결)	2020/03	2020/06	2020/09	2020/12	전년동기	전년동기(%)
매출액	**17,321**	**19,025**	**13,608**	**3,088**	**1,192**	**159.0**
매출원가						
매출총이익	17,321	19,025	13,608	3,088	1,192	159.0
판매비와관리비 🔲	15,106	16,719	10,691	-1,627	-4,147	적자지속
영업이익	**2,215**	**2,306**	**2,917**	**4,715**	**5,340**	**-11.7**
영업이익(발표기준)	**2,215**	**2,306**	**2,917**	**4,715**	**5,340**	**-11.7**
금융수익 🔲	975	719	911	2,641	1,602	64.8
금융원가 🔲	481	775	60	148	168	-12.0
기타수익 🔲	333	577	206	-683	-353	적자지속
기타비용 🔲	449	1,036	413	-710	-90	적자지속
종속기업,공동지배기업및관계기업관련손익 🔲	-55	-33	54	1,189	920	29.3
세전계속사업이익	**2,539**	**1,758**	**3,616**	**8,423**	**7,430**	**13.4**
법인세비용	1,190	851	1,176	1,708	1,802	-5.2
계속영업이익	1,349	907	2,440	6,715	5,628	19.3
중단영업이익			-86	-2,874	-3,666	적자지속
당기순이익	**1,349**	**907**	**2,353**	**3,841**	**1,962**	**95.8**
지배주주순이익	1,848	1,473	2,455	4,246	2,487	70.7

출처: 키움증권 HTS, 기업분석>재무제표

위 표는 ㈜네이버의 분기별 손익계산서에서 추출한 내용입니다. 연도별로 설정하면 연도별 손익계산서의 주요 정보를 비교해서 볼 수 있습니다. 손익계산서 정보와 관련해 투자자들이 가장 기본적으로 궁금해하는 매출액, 영업이익, 당기순이익 등 정보를 볼 수 있습니다.

이와 같이 분기별 혹은 연도별 손익정보를 비교해서 보면 회사의 매출과 각종 이익이 추세적으로 어떻게 변동하고 있는지를 쉽게 가늠할 수 있습니다. 즉 회사의 실적이 점차 향상되는지 아니면 정체되는지 또는 하향되고 있는지를 알 수 있습니다.

우리가 흔히 '테마주'라고 하는, 실적과 상관없이 특정한 재료에 의해 주가가 상승 또는 변동하는 주식을 볼 수 있는데, 이러한 주식을 투자하기에 앞서 최소한 요약 재무제표를 통해 실적의 정도와 추이를 반드시 확인해야 합니다.

한편 키움증권 HTS에서는 요약적인 손익정보뿐만 아니라 재무상태표에서 추출한 총계기준의 자산, 부채 및 자본에 대한 정보를 보여줍니다.

아래의 요약 재무상태표를 살펴봅시다. 아래는 연도별 재무상태표를 지정한 것인데 분기별로도 지정해 볼 수 있습니다.

키움증권 HTS의 재무상태표

IFRS(연결)	2017/12	2018/12	2019/12	2020/12
자산	80,193	98,812	122,995	170,142
유동자산	47,842	53,856	56,437	105,447
비유동자산	32,350	44,956	66,558	64,696
기타금융업자산				
부채	27,141	39,321	57,956	87,591
유동부채	23,027	26,197	37,731	79,118
비유동부채	4,113	13,124	20,225	8,474
기타금융업부채				
자본	53,052	59,491	65,039	82,551
지배기업주주지분	47,623	52,403	58,052	73,672
비지배주주지분	5,428	7,089	6,987	8,879

출처: 키움증권 HTS, 기업분석)재무제표

위의 표와 같이 ㈜네이버의 요약 재무상태표를 보면 2017년부터 2020년까지 모든 자산, 부채 및 자본항목이 증가상태에 있음을 알 수 있습니다. 이는 추세적으로 기업의 규모가 커지고 있음을 의미합니다. 특히 2019년에서 2020년까지의 각 항목의 증가가 눈에 띕니다.

증권사 HTS는 손익계산서와 재무상태표의 기본 항목을 보여줄 뿐만 아니라, 현금흐름표 및 각종 투자지표 등 다양한 정보를 함께 제공합니다.

네이버 금융도
다양한 요약재무제표 정보를 제공한다

지금까지는 증권사 HTS를 통해 요약재무정보를 보는 방법을 간단히 알아보았습니다. 증권사 HTS처럼 네이버에서도 유사한 종류의 재무정보를 제공합니다.

네이버 금융(finance.naver.com)에서 각 종목을 지정하면 해당 기업의 매출액, 영업이익, 당기순이익 등 요약 손익정보를 살펴볼 수 있습니다. 뿐만 아니라 재무상태표에서 추출한 총계기준의 자산, 부채 및 자본에 대한 정보를 알 수 있습니다.

다음의 예는 ㈜네이버의 분기별 손익계산서와 재무상태표에서 추출한 내용입니다. 여기서도 연도별로 설정하면 연도별 재무제표의 요약 정보를 비교해서 보여줍니다. 증권사 HTS와 유사하게 손익계산서와 재무상태표의 기본항목을 보여줄 뿐만 아니라, 현금흐름표 및 각종 투자지표 등 다양한 정보를 함께 제공합니다.

네이버 금융의 재무제표

NAVER : 네이버 금융   ×   +

← → C   🔒 finance.naver.com/item/coinfo.nhn?code=035420&target=finsum_more

Financial Summary   [주재무제표 ▾] [검색] [IFRS ⑦] [산식 ⑦]   *

전체	연간	분기

주요재무정보	분기				
	2019/12 (IFRS연결)	2020/03 (IFRS연결)	2020/06 (IFRS연결)	2020/09 (IFRS연결)	2020/12 (IFRS연결)
매출액	-4,497	17,321	19,025	13,608	15,126
영업이익	6,184	2,215	2,306	2,917	3,238
영업이익(발표기준)	6,184	2,215	2,306	2,917	3,238
세전계속사업이익	9,108	2,539	1,758	3,616	5,626
당기순이익	1,962	1,349	907	2,353	3,841
당기순이익(지배)	2,487	1,848	1,473	2,455	4,246
당기순이익(비지배)	-525	-499	-566	-101	-405
자산총계	122,995	137,660	146,754	154,526	170,142
부채총계	57,956	63,108	67,176	80,408	87,591
자본총계	65,039	74,552	79,579	74,117	82,551
자본총계(지배)	58,052	66,406	69,135	64,599	73,672
자본총계(비지배)	6,987	8,146	10,443	9,518	8,879
자본금	165	165	165	165	165

출처: 네이버 금융, 기업실적분석〉Financial summary

이와 같이 증권사 HTS나 네이버 금융은 완전한 재무제표를 보여주는 것은 아니지만, 투자자들이 우선적으로 보아야 할 가장 기본적인 손익정보와 재무정보를 제공합니다. 나아가 현금흐름정보와 각종 투자지표를 함께 제공하고 있으니 기업에 대한 실적과 재무상태 등에 대해 최소한 기본적인 내용은 알 수 있습니다. 그러니 완전한 재무제표를 살펴보는 수고를 군이 하지 않더라도 증권사 HTS나 네이버 금융 사이트를 활용하면 재무제표의 필수적인 내용은 효과적으로 살펴볼 수 있습니다.

재무비율

회사의 재산과 채무상태 등 회사의 건전성을 살펴보기 위해, 재무제표의 각종 항목을 조합해 비율을 구성한 것을 말한다

 재무제표 초보자를 위한 꿀팁!

증권사 자료나 네이버 금융 모두 완전한 재무제표를 보여주는 것은 아니지만, 투자자들이 관심을 갖는 재무제표 항목에 대한 요약정보와 각종 재무비율*을 잘 보여줍니다. 호가와 차트만큼 관심을 갖고 이들 정보를 자주 확인합시다.

질문 TOP 16

재무제표는 DART에서 본다는데, 그게 뭔가요?

▶ 저자직강 동영상 강의로 이해 쑥쑥
QR코드를 스캔하셔서 동영상 강의를 보시고
이 칼럼을 읽으시면 훨씬 이해가 잘됩니다!

증권사 HTS나 네이버 금융 모두 완전한 재무제표를 제공하는 것은 아닙니다. 투자자들이 흔히 관심을 갖는 가장 기본적인 손익정보나 재무정보 등의 요약적인 정보만을 보여줍니다.

그렇다면 우리가 완전한 재무제표를 보려면 어떻게 접근해야 할까요? 실상 많은 사람들이 재무제표를 말하지만, 막상 완전한 재무제표를 한 번이라도 입수해서 보는 투자자는 드뭅니다.

그럼 완전한 재무제표를 다운받을 수 있는 곳은 어디일까요? 검색사이트에서 'DART' '다트' '전자공시'라는 이름으로 검색해봅시다. 정확한 명칭은 '금융감독원 전자공시시스템'이고 영어 약어로 'DART(다트)'입니다. 인터넷 주소는 http://dart.fss.or.kr/ 입니다. 이곳에서는 무료로 재무제표를

DART에서의 검색화면

출처: DART, 회사별검색>정기공시

다운받을 수 있습니다.

　금융감독원 전자공시시스템(DART)에 들어가면 위와 같은 첫 화면이 나옵니다.

　회사명에 여러분이 검색하고자 하는 회사의 이름을 입력하면 되는데, 관심을 갖고 있는 공시를 선택해 볼 수도 있습니다. 완전한 재무제표를 입수하려면 정기공시로 들어가 사업보고서, 반기보고서, 분기보고서 등을 체크해 검색해보면 됩니다.

　이들 사업보고서 등을 검색하면 그 안에 완전한 재무제표가 들어 있습니다. 앞서 보았지만, 사업보고서는 연간발행되는 보고서의 정식 명칭이며,

감사인에 의해 감사받은 재무제표를 포함한 공시사항이 기재됩니다. 분기보고서는 1분기와 3분기 기간을 대상으로 재무제표를 포함한 공시사항이 기재됩니다. 반기보고서는 매년 상반기(1~6월)의 기간을 대상으로 재무제표를 포함한 공시사항이 기재됩니다. 다시 말하면 모두 통칭 사업보고서라 보면 되지만, 엄밀히는 1분기, 3분기 이후 분기보고서, 2분기 이후 반기보고서, 연도말 이후 사업보고서가 발행된다고 보면 됩니다.

그럼 실제로 따라해봅시다. 회사 검색창에 '카카오'를 입력해봅시다. 검색할 때, 유가증권시장에 거래되는 종목은 회사명 앞에 '유'가 있고, 코스닥시장에 거래되는 종목은 회사명 앞에 '코'가 있습니다. 카카오는 유가증권시장에 상장되어 있으므로 '유'자를 선택하면 됩니다. 이후 정기공시로 들

DART에서의 사업보고서 조회

출처: DART, 회사별검색〉정기공시〉사업보고서

어가 사업보고서, 반기보고서, 분기보고서 등을 체크해 검색해보면 됩니다.

앞의 화면은 ㈜카카오의 사업보고서(2020년도)를 조회한 것입니다. 사업년도는 2020년 1월 1일부터 12월 31일까지입니다. 공시일은 2021년 3월 18일입니다.

왼편의 목차 중에 붉은색 박스를 보면, 연결재무제표, 연결재무제표 주석, 재무제표, 재무제표 주석 등이 보입니다. 사업보고서에 포함된 이들 재무제표가 바로 완전한 재무제표입니다. 사업보고서 중 재무제표 외에도 'II. 사업의 내용'에 포함된 기업의 사업과 제품에 대한 설명도 많은 도움을 줍니다.

한편 푸른색 박스를 보면, 사업보고서뿐만 아니라 첨부서류에 감사보고서, 연결감사보고서 등의 세부 서류가 나옵니다. 감사보고서는 완전한 재무제표와 더불어 감사인의 의견을 포함하는 보고서입니다. 감사의견*은 감사인이 회사의 재무제표를 감사해 그 내용이 회계정보로서 적절한 가치를 지니는지에 관해 제시한 의견입니다. 물론 감사보고서 상 재무제표는 사업보고서 상 재무제표와 동일합니다.

이와 같이 증권사 HTS나 네이버 금융은 완전한 재무제표를 보여주는 것은 아니므로 완전한 재무제표를 구하려면 반드시 DART에 들어가서 사업보고서를 검색해야 합니다. 기업에 대한 실적과 재무상태 등에 대해 자세한 내용은 사업보고서 속에 있는 완전한 재무제표에 정확히 기재되어 있습니다.

최근에는 스마트폰에서 DART앱을 다운받아서 손쉽게 사업보고서와 각종 공시를 볼 수

감사의견

회계감사 이후 회사의 재무제표가 재무상태와 경영성과를 정확하게 반영하고 있는지에 대해 공인회계사가 제시하는 의견이다

있습니다. 각 기업별로 조회해보면 최근 보고서는 물론 전환사채 발행, 자기주식 취득 등 다양한 기업공시를 즉시 확인할 수 있습니다. 증권뉴스에서 어떤 내용이 궁금하다면, DART앱에서 각종 공시사항을 확인하면 보다 정확히 그 내용을 알 수 있습니다.

 재무제표 초보자를 위한 꿀팁!

우리가 완전한 재무제표를 구하려면 DART 웹사이트에 들어가서 사업보고서를 검색해야만 합니다. 최근에는 스마트폰의 DART앱을 활용할 수 있습니다.

재무제표는 매일 확인해야 하나요?

워런 버핏, 벤저민 그레이엄, 짐 로저스, 필립 피셔, 피터 린치, 왈라스 웨이츠, 마틴 휘트먼, 메이슨 호킨스 등 세계적인 주식 부자인 투자 구루(guru)들이 있습니다. 이들은 공통적으로 하나의 원칙을 가지고 있습니다. 놀랍게도 간단합니다. '주식 부자들은 투자에 앞서 최우선적으로 재무제표를 본다. 그리고 알짜 기업을 발굴해 장기간 투자하면서 계속해서 재무제표를 확인한다'는 점입니다.

예외가 없습니다. 재무제표를 믿건 안 믿건, 이용하든 그렇지 않든 주식 부자는 재무제표를 보고 또 봅니다.

일부 개인투자자는 소신을 가지고 주식을 장기간 보유하지만 낭패를 보는 경우도 많은데, 그 이유는 재무제표에 관심을 두지 않기 때문입니다. 투자 구루들처럼 재무제표를 통해 기업을 계속 '왓칭(Watching)'한다면 기업의 미래와 실적을 보는 감각이 깨어날 것입니다. 하루하루 변화하는 주식시세에 매달리기보다는, 재무제표를 통해 기업의 실적을 지속적으로 왓칭한다면 성공적인 장기투자 전략을 실현할 수 있습니다. 여러분이 재무제표를 왓칭하기 때문에 투자에 소신이 강해지는 것입니다.

성공적 투자의 첫걸음은
재무제표를 보는 것이다

투자자라면 종목을 선정하기 이전부터 재무제표를 봐야 합니다. 더 중요한 것은 주식을 사고 나서도 주기적으로 재무제표를 봐야 한다는 것입니다. 대개의 투자자는 주식을 사고 난 다음 시세를 보기 시작해서 다음 날도, 그 다음 날도 시세에 집착하기 시작합니다. 자신으로서는 소중한 자금을 들여 투자했으니 매순간 변화하는 시세에 관심이 갈 수 밖에 없습니다.

그러나 주식 구루들과 같은 성공적인 주식투자를 실행하기 위해서는 매 순간의 주식 시세를 볼 게 아니라 경영활동을 예의주시해야 합니다. 경영을 잘하면 결국 주가는 올라갑니다. 단기적 시세는 얼마든지 출렁일 수 있지만, 기업이 잘 운영되면 장기적으로는 주가는 오릅니다.

만약 기업 경영이 꾸준히 잘되고 있고 내실 있게 성장하고 있는데, 장기적으로 주가가 반토막도 날 수 있다고 생각된다면 애초에 주식시장에 발을 들이지 말아야 합니다. 그런 시각은 현대 자본시장을 마치 도박장과 동일하게 보는 것인데 이러한 사람들은 자본시장에 참여할 자격이 없다고 봅니다.

분기별 재무제표를
왓칭한다

어쨌든 주식을 한 주라도 사게 되면 회사의 주인이라는 마음으로 경영활동을 감시해야 합니다. 그것이 주식 부자들이 주식투자를 실행한 이후 하는 일입니다. 주주로서 경영활동을 감시하기 위해서는 재무제표를 확인해야 합니다.

주식부자들은 진짜 주주의 마음으로 주식을 삽니다. 그래서 주식을 살 때부터 주주로서 똑바로 경영을 하는지를 지켜볼 각오를 합니다. 주주로서 주식을 샀으니 매순간의 주식 시세를 보는 대신 '기업이 경영을 잘하고 있는지'를 예의주시하는 것입니다. 그건 회사의 주인으로서 의무이기도 합니다.

기업의 재무제표는 1, 2, 3, 4분기로 나눠서 분기별로 총 4번 발표됩니다. 물론 2분기는 반기보고서 형태로, 4분기는 연간보고서 형태로 발표됩니다. 주주로서 경영활동을 감시하는 방법은 바로 분기별로 발표되는 재무제표를 점검하는 것입니다.

재무제표는 매일매일 확인할 수고를 할 필요가 없습니다. 그저 분기별로 '기업이 영업을 잘하고 있나, 그렇지 않은가'를 재무제표를 통해 지켜보면 됩니다. 자신을 기업과 함께할 주주로서 생각하며, 실시간 주가는 쓰레기통에 버리고 주기적으로 분기별 재무제표를 점검하는 것이 부를 축적하기 위한 올바른 방법입니다. 여러분이 살 알짜 기업은 하루만에 망하지 않을 것이니 걱정은 내려놓고 분기별 재무제표를 확인합시다.

분기별 재무제표를 보고
경계심을 가져라

일단 주식을 사면 재무제표를 통해 기업을 감시하면서 소신있게 주식을 보유해야 합니다. 그렇지만 분기별 재무제표를 확인해 보았을 때 경영자의 의사결정에 따른 운영결과에 문제가 있다고 판단될 때가 있습니다. 보통은 분기별 재무제표의 특이사항으로 발견됩니다. 예를 들면 여러분은 부채가 적은 기업을 선호하는데, 근래에 기업이 지나치게 부채를 차입해 공격적 투자를 감행했고 투자결과와 현금흐름 상태에도 문제가 있어 보이는 경우입니다.

문제가 인식되는 경우에는 보다 경계심을 가지고 문제를 파악해봅시다. 문제의 해결기미가 보이지 않거나 의문이 생길 때는 목표가와 상관없이 주식을 팔 준비를 해야 합니다. 일종의 결별을 준비하는 것입니다.

정리하면, 투자자는 주식을 사서 보유하고 팔 때까지 매순간 변화하는 시세를 버리고 오직 분기별 재무제표를 통해 재산과 실적을 지켜보고 있어야 한다는 것입니다. 시세에 집착함으로써 주식투자로 돈을 버는 사람은 보기 힘듭니다. 단타매매를 통해서도 푼돈은 벌 수도 있겠지만 큰돈을 벌 수는 없습니다. 도박장에서 큰돈을 벌 수 없는 이치와 같습니다. 결국은 큰돈은 고사하고 소중한 재산을 자신도 모르게 조금씩 탕진하는 것입니다. 그래서 주식 부자는 반드시 장기투자자 중에서 나옵니다. 갑부의 위치에 있는 투자의 거장들은 물론 재무제표를 옆에 끼고 있습니다.

주식부자는 시장이 출렁이든 뉴스가 어떻든 차트가 어쨌든, 선택한 기업의 주식을 사서 냉정히 기다리며 주식시장의 변동성을 견딜 수 있어야 합니다. 즉 시장 변동성에 대해 '냉정함'을 가져야 합니다. 그렇다고 해서 주식을 사놓고 마냥 기다려서는 안 될 일입니다. 그건 주식을 선택한 후에 거들떠보지도 않는 것과 다름 없습니다. '내정함'을 갖추고 할 일은 주식 시세판에 얽매이는 것은 결코 아닐 것이며, 바로 재무제표를 보면서 기업을 계속 '왓칭(Watching)'하는 것입니다.

재무제표 초보자를 위한 꿀팁!

워런 버핏, 피터 린치 등 주식 부자들은 항상 재무제표를 옆에 끼고 있습니다. 현명한 투자자는 매순간 변화하는 주식 시세보다는 분기별 실적을 주기적으로 체크합니다.

숫자 단위나 ( )부호는 어떻게 읽어야 하나요?

　많은 투자자들이 재무제표를 볼 때 숫자 단위에 대해 생각보다 헷갈려 합니다. 회계를 한 번이라도 공부해본 경험이 있다면, 회계에서 숫자 단위는 기본이 1,000단위임을 알 것입니다. 그러나 회계를 공부한 경험이 없더라도 회계의 기본 단위가 1,000단위임을 지금부터 이해하면 됩니다.

　예를 들면 회계에서 많이 사용하는 1,000,000원의 숫자를 봅시다. 매번 세어 볼 필요 없이 그냥 천단위가 두 번 반복되면 백만원임을 암기하면 됩니다. 100,000,000원은 기업에서 많이 사용하는 억원의 단위입니다. 이 또한 암기해놓으면 좋습니다.

회계의 기본단위는
천단위이다

    그럼 실제 재무제표와 HTS에서 제공하는 재무제표를 통해 단위를 확인해봅시다. 우선 실제 재무제표를 통해 단위를 살펴봅시다. 아래는 ㈜카카오의 2020년도 연결 손익계산서입니다.

㈜카카오의 2020년 연결 손익계산서

(단위: 원)

연결 포괄손익계산서

제 26 기 2020.01.01 부터 2020.12.31 까지
제 25 기 2019.01.01 부터 2019.12.31 까지
제 24 기 2018.01.01 부터 2018.12.31 까지

(단위 : 원)

	제 26 기	제 25 기	제 24 기
영업수익	4,156,816,120,723	3,070,111,364,510	2,416,992,440,597
영업비용	3,700,960,605,512	2,863,325,142,724	2,344,043,550,670
영업이익(손실)	455,855,515,211	206,786,221,786	72,948,889,927
기타수익	352,352,754,380	73,754,690,318	74,530,698,766
기타비용	546,064,398,874	521,412,397,600	85,771,779,329
금융수익	216,105,567,316	70,385,959,514	112,452,969,082
이자수익	23,454,414,222	31,700,026,980	41,783,010,505
기타금융수익	192,651,153,094	38,685,932,534	70,669,958,577
금융비용	72,670,378,433	44,000,156,706	50,142,764,508
지분법이익	68,920,902,095	11,489,724,840	32,257,116,638
지분법손실	60,228,536,634	31,260,947,854	25,605,267,837
법인세비용차감전순이익(손실)	414,271,425,061	(234,256,905,702)	130,669,862,739
법인세비용	240,911,753,146	107,667,672,646	114,781,003,530
당기순이익(손실)	173,359,671,915	(341,924,578,348)	15,888,859,209
당기순이익(손실)의 귀속			
지배기업 소유주지분	155,623,762,514	(301,002,847,366)	47,885,550,586
비지배지분	17,735,909,401	(40,921,730,982)	(31,996,691,377)

출처: ㈜카카오의 2020년도 사업보고서 상 연결손익계산서

재무제표를 볼 때는 우선 기초 단위를 확인해야 합니다. 오른편 위쪽의 붉은 점선 부분이 단위입니다. ㈜카카오의 손익계산서는 원단위로 기재되어 있습니다.

제26기의 당기순이익을 가리키는 붉은색 실선 박스의 금액은 173,359,671,915원입니다. 같이 단위를 읽어봅시다. 참고로 1,000,000,000원과 같이 1,000단위가 세 번 반복되면 10억원 단위입니다. 그러니 위 금액은 약 1,733억원이 됩니다.

또한 투자자들이 회계에서 사용하는 ( ) 부호에 대해 의문을 갖는 경우가 있습니다. 이는 음(-)의 값을 말합니다. 즉 마이너스 금액을 의미합니다. 위 손익계산서의 제25기의 당기순이익의 금액을 보면 (341,924,578,348)원으로 나와 있습니다. 이를 읽어봅시다. 1,000,000,000원은 10억원 단위이니 약 -3,419억원이 됩니다.

천원 단위나 백만원 단위도
흔히 보인다

한편 많은 기업들이 천원 단위로 기재하는 경우도 많으니 유의해야 합니다. 통상적으로 기본 재무제표의 단위는 원 단위로 하더라도, 재무제표 주석의 많은 표에서는 천원 단위로 기재하는 경우가 많습니다.

오른쪽 표는 ㈜네이버의 2020년도 재무제표 중 주석 4번에 기재된 표입니다. 표의 오른편 위쪽의 붉은색 점선을 보면 천원 단위로 기재되어 있음을 알 수 있습니다. 내용은 신경 쓰지 말고 붉은색 실선 박스 부분의 미국 달러화 금액인 61,923,123을 읽어봅시다. 여기에는 1,000원 단위가 생략되어 있으니 원래 금액은 61,923,123,000원이 됩니다. 1,000,000,000원은 10억원 단위이니 약 619억원이 됩니다.

㈜네이버의 2020년 재무제표 주석

(단위: 천원)

구 분	통화	당기	전기
금융자산			
현금및현금성자산	미국 달러화	61,923,123	3,172,468
	일본 엔화	2,071,810	32,055,260
매출채권및기타채권	미국 달러화	29,165,310	1,019,881
	일본 엔화	100,152,569	22,540,101
당기손익-공정가치 측정 금융자산	미국 달러화	625,420,116	268,438,022
	일본 엔화	1,831,155	784,295,558
기타포괄손익-공정가치 측정 금융자산	미국 달러화	10,867,566	15,126,053
	일본 엔화	24,837,660	-
금융부채			
매입채무및기타채무	미국 달러화	5,737,491	2,455,495
	일본 엔화	533,527	1,427,946

출처: ㈜네이버의 2020년도 재무제표 주석 4번

다음 페이지에 있는 ㈜삼성전자의 재무제표를 봅시다. 동 재무제표는 백만원 단위로 기재합니다. 표의 오른편 위쪽의 붉은색 점선을 보면 백만원 단위로 기재되어 있음을 알 수 있습니다. 붉은색 실선 박스 부분의 유동자산 금액인 209,155,353을 읽어봅시다. 여기에는 1,000,000원 단위가 생략되어 있으니 원래 금액은 209,155,353,000,000원이 됩니다. 1,000,000,000,000원은 1조원 단위가 되어, 약 209조원이 됩니다. 조단위를 풀어 써보니 엄청나게 큰 금액임을 한눈에 알 수 있습니다.

㈜삼성전자의 2021년 1분기 연결 재무상태표

(단위: 백만원)

연결 재무상태표

제 53 기 1분기말 2021.03.31 현재

제 52 기말 　　　 2020.12.31 현재

	제 53 기 1분기말	제 52 기말
자산		
유동자산	209,155,353	198,215,579
현금및현금성자산	41,039,591	29,382,578
단기금융상품	87,159,273	92,441,703
단기상각후원가금융자산	3,526,888	2,757,111
단기당기손익-공정가치금융자산	59,495	71,451
매출채권	33,962,077	30,965,058

출처: ㈜삼성전자의 2021년도 1분기보고서 상 연결 재무상태표

　　정리하면, 회계의 기본단위는 1,000단위의 숫자입니다. 재무제표를 보여줄 때는 경우에 따라 천원단위, 백만원단위 등을 사용하기도 합니다. 금액 표기를 할때 (　)를 표기하면 마이너스의 의미입니다. 즉 마이너스를 표기할 때 직접 -로 기재하거나 괄호를 사용하는 것에 유의해야 합니다.

 재무제표 초보자를 위한 꿀팁!

회계의 기본단위는 1,000단위의 숫자인데, 재무제표를 보여줄 때는 천원, 백만원, 억원 등 다양한 단위가 사용됩니다. (　)로 표기하면 마이너스의 의미입니다.

기업실적을 읽을 때 YoY, QoQ는 뭔가요?

우리는 어떤 기업이 실적발표를 했다는 뉴스를 자주 접하게 됩니다. 물론 실적발표시즌이라 해서 기업들이 어떤 시기에 집중적으로 이러한 실적발표를 많이 합니다. 기업들은 통상 분기말에 실적집계가 종료되면 그 이후에 각 기업의 일정별로 실적발표를 하게 됩니다.

기업은 통상 매 분기말로부터 1개월 정도 지나면 완전한 재무제표를 발표하기 전에 잠정실적을 발표합니다. 잠정실적은 그야말로 확정되지 않은 실적입니다. 사업보고서가 실제 공시가 될 때 완전한 재무제표 형태로 확정실적이 발표됩니다. 물론 대개의 경우 잠정실적과 확정실적은 거의 차이가 없습니다. 다만 4분기말에는 해당연도의 최종적인 재무제표를 확정해야 하므로, 잠정실적발표도 다른 분기와 달리 시간이 더 오래 걸립니다.

잠정실적이 발표되면
애널리스트가 바빠진다

IR

기업이 투자자 또는 주주들에게 기업의 활동을 설명하고 다양한 투자정보를 제공하는 활동을 말한다. 통상 자사 웹사이트를 통해 IR자료를 업로드한다

애널리스트 리포트

각 증권사는 상장기업의 영업현황 및 실적을 분석해 해당산업과 섹션별로 애널리스트 리포트를 주기적으로 발행한다

이렇게 분기별로 잠정실적을 발표할 때, 기업은 IR*설명회나 IR보고서를 통해 잠정실적에 대한 분석치를 제공하기도 합니다. 이때 각 증권사의 애널리스트가 바빠집니다. 이러한 잠정실적을 가지고 과거 분기와도 비교하고, 연도별로도 비교해서 향후 분기와 연도 예측치를 조정하기 때문입니다. 그러한 내용을 반영해 애널리스트 리포트*를 앞다투어 발행합니다. 이때 YoY, QoQ라는 용어가 많이 등장합니다.

YoY, QoQ를 논의하기 이전에, 우선 잠정실적에 대해 알아봅시다. 다음은 ㈜LG전자가 2020년 7월 7일에 2분기 잠정실적을 발표한 내용입니다.

"LG전자는 올 2분기 연결 기준 잠정 실적(LG이노텍 포함)은 매출 12조 8,340억원, 영업이익 4,931억원으로 집계됐다고 7일 밝혔다. 코로나19 영향으로 전년 동기 대비 매출액과 영업이익은 각각 17.9%, 24.4% 감소했다. 이날 실적은 증권업계에서 예상한 영업이익 전망치(컨센서스)인 4,011억원을 훌쩍 뛰어넘는 수치다." (LG전자 '깜짝실적'… 월풀 제치고 가전 세계 1위 굳히기, 2020년 7월 8일, 매일경제신문 황순민 기자)

LG전자의 잠정실적공시 (2020년 7월 7일)

DART	본문	2020.07.07 연결재무제표기준영업(잠정)실적(공정공시) ▼
LG전자	첨부	+첨부선택+ ▼

연결재무제표 기준 영업(잠정)실적(공정공시)

※ 동 정보는 잠정치로서 향후 확정치와는 다를 수 있음.

1. 연결실적내용 　 단위 : 억원, %

구분		당기실적 (`20.2Q)	전기실적 (`20.1Q)	전기대비증감율(%)	전년동기실적 (`19.2Q)	전년동기대비증감율(%)
매출액	당해실적	128,340	147,278	-12.9%	156,292	-17.9%
	누계실적	275,618	147,278	-	305,443	-9.8%
영업이익	당해실적	4,931	10,904	-54.8%	6,523	-24.4%
	누계실적	15,835	10,904	-	15,529	2.0%
법인세비용 차감전계속 사업이익	당해실적	-	-	-	-	-
	누계실적	-	-	-	-	-
당기순이익	당해실적	-	-	-	-	-
	누계실적	-	-	-	-	-
지배기업 소유주지분 순이익	당해실적	-	-	-	-	-
	누계실적	-	-	-	-	-

출처: 금융감독원 전자공시시스템 DART, LG전자 잠정실적공시

　

앞의 기사와 관련된 ㈜LG전자의 잠정실적공시를 직접 살펴봅시다.

위 공시를 보면, 연결재무제표 기준으로 매출 12조 8,340억원, 영업이익 4,931억원이 제시됩니다. 이는 뉴스기사에서 보여주는 수치와 동일합니다. 그런데 위 실적공시를 자세히 보면, 매출액과 영업이익만을 제시합니다. 이는 확정공시가 아닌 잠정공시이기 때문에 기업에서 제공할 수 있는 수치만 제공하기 때문입니다.

잠정실적과 함께
IR보고서는 제공되기도 한다

이와 같이 상장사들이 잠정실적을 발표하면, 기업은 IR보고서를 통해 잠정실적에 대한 분석치를 제공하는 경우가 많습니다.

아래는 ㈜네이버가 2020년 4분기 잠정실적을 발표하면서 IR보고를 한 내용입니다. 이중 클라우드 사업에 대한 부분을 보여줍니다.

네이버의 IR실적발표

분기 별 매출
단위: 십억원

4Q19: 54.8
1Q20: 47.7
2Q20: 64.1
3Q20: 76.3
4Q20: 85.6

4Q20 YoY 56.3%↑ / QoQ 12.2%↑
2020 YoY 41.4%↑

- 클라우드 수요 확대가 지속되며 클라우드 플랫폼 매출 전년동기 대비 163% 성장
- 국책 스마트시티 사업 클라우드 메인 사업자 선정, 국가 원격 교육 인프라 수주하며 공공·교육 부문 주도권 확보
- 라인웍스는 일본 전역 TV광고 효과로 과금 ID수 증가세 가속

출처: 네이버 웹사이트, 투자정보〉IR자료실〉2020년 4분기 실적발표*

위에서 붉은색 박스 부분을 보면, '4Q20 YoY 56.3%↑'가 보입니다. 4Q20은 2020년 4분기를 의미합니다. Q는 Quarter 즉 분기입니다. 그럼 YoY는 무엇일까? 바로 Year on Year의 약어로 '올해의 실적을 전년도의 같

은 시기의 실적과 비교한다'는 뜻입니다.

즉 'YoY 56.3%↑'는 올해 4분기 실적이 전년도(2019년) 4분기 실적에 비해 56.3% 증가했다는 것을 의미합니다. 이렇게 당해연도와 전년도의 동일한 시기를 비교해 올해 얼마나 실적이 좋았는지를 가늠할 수 있습니다.

분기 실적발표

기업들은 법적으로 해당 분기일의 마지막 날로부터 45일 이내 분기 실적공시(발표)를 해야 하며, 통상 한 달 정도 후에는 발표한다

다시 붉은색 박스 부분을 보면, 'QoQ 12.2%↑'가 보입니다. 그럼 QoQ는 무엇일까요? 바로 Quarter on Quarter의 약어로 이번 분기의 실적을 바로 이전 분기의 실적과 비교한다는 뜻입니다. 'QoQ 12.2%↑'는 당해 4분기 실적이 이전 3분기 실적에 비해 12.2% 증가했다는 것을 의미합니다. 이렇게 당분기와 직전분기를 비교해보면 분기실적의 성장세를 가늠할 수 있습니다.

한편 푸른색 박스 부분을 보면, '2020 YoY 41.4%↑'가 보입니다. 앞에 2020년도를 표시하고 있습니다. 여기서 YoY는 Year on Year의 약어이므로 올해 전체 실적을 전년도 전체 실적과 비교한다는 뜻입니다. 그래서 '2020 YoY 41.4%↑'는 올해 전체 실적이 전년도(2019년) 전체 실적에 비해 41.4% 증가했다는 것을 의미합니다.

정리하면, '2020 YoY 41.4%↑'는 올해(2020년) 매출이 전년도(2019년) 매출에 비해 41.4% 증가했음을 의미하므로, 올해 매출이 획기적으로 증가했음을 말해줍니다. 나아가 'YoY 56.3%↑'는 올해 4분기 매출이 전년도 동기에 비해 56.3% 증가했음을 의미하고, 'QoQ 12.2%↑'는 바로 직전인 3분기 실적에 비해서도 12.2% 증가했음을 의미하므로 분기매출로 봐도 실적이 급상승세임을 알 수 있습니다.

애널리스트는
YoY, QoQ를 통해 보고한다

상장사들이 잠정실적과 IR보고서를 발표하면, 각 증권사의 애널리스트는 잠정실적과 IR보고서를 가지고 분기별 비교와 연도 예측치를 반영한 애널리스트 리포트를 발행합니다. 이때 분석하는 내용에 있어 YoY, QoQ는 기본적인 용어입니다.

아래는 ㈜카카오의 잠정실적과 IR보고 이후 발표된 애널리스트 리포트

애널리스트 리포트의 사례 (카카오)

| 인터넷/게임 | 2021. 1. 14

Analyst 이승훈
02) 6915-5680
dozed@ibks.com

매수 (유지)

목표주가	540,000원
현재가 (1/13)	454,500원

KOSPI (1/13)	3,148,29pt
시가총액	40,205십억원
발행주식수	68,460천주
액면가	500원
52주 최고가	457,500원
최저가	134,000원
60일 일평균거래대금	280십억원
외국인 지분율	33.5%
배당수익률 (2020F)	0.0%

주주구성
김범수 외 29 인	25.50%
국민연금공단	8.45%

주가상승	1M	6M	12M

IBK기업은행 금융그룹
IBK투자증권

IBKS 디지털뉴딜 시리즈

카카오 (035720)
2021년 플랫폼 부문이 성장을 견인

4분기 실적 컨센서스 부합 전망

카카오는  4분기 매출액 1.2조원(YoY + 42.4%, QoQ+9.6%), 영업이익 1,424억원 (YoY +78.9%, QoQ +18.4%)을 달성할 것으로 추정됨. 외형은 카카오톡의 광고 및 거래형 매출과 신사업이 성장하면서 컨센서스에 부합할 것으로 예상됨. 4분기는 코로나19가 재확산되면서 내부 활동이 증가하여 이커머스 이용량이 크게 증가함. 비즈보드 광고주수가 1만개를 넘어서고 광고주 당 단가가 상승하면서 높은 성장률을 유지한 것으로 파악됨. 명품까지 상품 라인업이 확장된 선물하기와 톡스토어 등 커머스 거래액이 급증한 것으로 예상됨. 신사업 역시 카카오모빌리티의 가맹 택시수가 증가하고 카카오페이 거래액이 증가하면서 전년 대비 약 2배의 성장이 기대됨. 콘텐츠 부문은 일본 픽코마가 성장을 주도하면서 유료콘텐츠의 높은 성장세가 유지되는 반면 게임은 3분기 대비 기존 게임 이용량이 감소하고 신작 엘리온 매출이 한달 미만만 반영되기 때문에 매출이 둔화될 것으로 예상됨. 영업이익은 외형 성장에 따른 레버리지 효과로 컨센서스에 부합할 것으로 추정됨. 가맹 택시 확대를 위한 초기 비용과 카카오페이, 게임, 픽코마 관련 마케팅비가 증가할 것으로 예상되지만 외형 성장과 각 사업들의 수익성이 개선되면서 영업이익률이 상승할 것으로 분석됨

출처: 2021.1.14. IBK투자증권 이승훈 애널리스트의 리포트

의 사례입니다.

앞의 애널리스트 리포트에서 붉은색 박스 부분을 봅시다. '4분기 매출액 1.2조원(YoY + 42.4%, QoQ +9.6%)'가 보입니다. 동 내용을 풀어봅시다. 2020년도 4분기 매출액은 1.2조원인데 YoY + 42.4%이므로 당해 4분기 매출액이 전년도 4분기 매출액에 비해 42.4% 증가했고, QoQ +9.6%이므로 당해 4분기 실적이 이전 3분기 실적에 비해 9.6% 증가했다는 것을 의미합니다.

앞의 애널리스트 리포트에서 해당 애널리스트는 YoY, QoQ 수치를 먼저 제시하고 이후 그러한 실적 증가에 대해 나름대로 이유와 원인을 분석하게 됩니다.

이처럼 YoY, QoQ는 단순한 기본적 용어에 그치는 것이 아니라 회사와 애널리스트가 실적을 분석하고 해석하기 위한 기본적인 수단입니다. 그러니 앞으로는 YoY, QoQ가 나오면 중요한 실적 분석임에 유의하며 집중해야 할 것입니다.

📊 재무제표 초보자를 위한 꿀팁!

QoQ는 '이번 분기의 실적'을 바로 '이전 분기의 실적'과 비교하는 것이고, YoY는 '당해연도의 해당 분기'와 '전년도의 동일 분기'를 비교하는 것입니다. 즉 이번 분기실적을 전분기(QoQ)와 전년도의 동일 분기(YoY)와 비교하는 것입니다.

자산이 여러 종류인데 무엇이 다른가요?

경제적 효익

미래에 현금 및 현금성 자산의 유입에 기여하게 될 잠재력을 말한다

자산은 재무상태표의 왼편에 기재되어 가장 먼저 눈에 들어옵니다. 그만큼 가장 중요한 것이라는 의미입니다. 자산이란 도대체 무엇일까요?

우선 회계학적 정의를 보면 자산은 '미래에 경제적 효익*을 가져다 주는 자원'입니다. 무언가가 '미래에 경제적 효익을 가져다 준다'는 것은 바로 '앞으로 쓰임새가 있다'는 뜻입니다. 여기서 미래의 경제적 효익의 유입은 거의 확실시되어야 하고 그 금액을 합리적으로 추정할 수 있어야 합니다. 그래야 쓰임새로 인한 가치를 자산 금액으로 기록할 수 있습니다.

자산은 그 형태와 쓰임새에 따라 분류한다

우리 개개인은 흔히 다양한 형태의 재산을 가집니다. 예를 들면 예금, 주식, 부동산 등이 있습니다. 남는 돈을 은행에 저축하기 위해 예금통장을 개설해 불입하거나 미래의 수익을 위해 투자목적으로 주식을 사기도 합니다. 또한 거주 목적으로 혹은 투자목적으로 부동산을 구입하기도 합니다. 이렇게 개인이 가지는 재산은 그 형태가 다르고 그 재산의 쓰임새가 각기 다릅니다.

마찬가지로 회사도 다양한 형태의 자산을 가지고 있습니다. 대표적으로 현금 및 예금, 매출채권, 재고자산, 금융자산, 유형자산, 무형자산 등이 있습니다. 회사는 우선 자산의 형태에 따라 일차적으로 분류를 합니다. 그 이후에 회사가 사용할 목적에 따라 자산을 최종적으로 분류합니다.

아래는 일반적 형태의 자산 내역입니다.

자산의 종류

자산
1. 현금 및 현금성자산
2. 매출채권 및 기타채권
3. 재고자산
4. 금융자산
5. 유형자산
6. 무형자산
7. 투자부동산
8. 기타자산….

각 자산항목의 이름을 보면 그 자산의 형태가 어림잡아 짐작은 됩니다. 앞의 자산항목에 대해 다시 한 번 살펴봅시다. '현금 및 현금성 자산'이란 말 그대로 현금에 준하는 자산을 포함한 것으로, 금고 속의 현금과 당좌예금, 보통예금 및 만기가 3개월 이내인 유동성이 매우 높은 금융상품을 말합니다.

'매출채권 및 기타채권'에서 매출채권은 회사가 제품이나 상품 등을 외상으로 판매하면서 보유하는 채권이고, 기타채권은 판매 등의 주된 상거래 이외의 활동에서 발생한 채권입니다. 이러한 매출채권과 기타채권을 분류함에 있어서도 회사의 판단이 중요합니다.

'재고자산'은 회사가 판매를 위해 보유하는 상품이나 제품 등을 말하며, 아직 팔리지는 않고 판매를 위해 창고 등에 보관중인 것을 말합니다. 상품이나 제품이 일단 소비자에게 판매되면 그때는 더 이상 재고자산이 아닙니다.

'금융자산'은 회사가 보유하는 주식이나 채권 등의 금융상품을 말합니다. 각 회사는 이러한 증권을 단기 시세차익 목적을 위해 보유하기도 하고, 장기투자 목적을 위해 보유하기도 하며, 다른 회사를 지배하기 위해 보유하기도 합니다. 동일한 증권이라도 회사의 보유목적에 따라 세부적인 분류가 다름에 유의해야 합니다.

'유형자산'은 회사가 영업활동을 위해 장기적으로 사용할 목적으로 보유하는 물리적 형태를 가진 자산이며, 건물, 토지, 공장, 기계장치 등이 이에 해당됩니다. 이들 유형자산은 판매를 위한 것이 아니고 회사가 직접 사용할 목적임에 유의해야 합니다.

여기서 건물, 토지 등의 부동산을 회사가 직접 사용한다면 '유형자산'으로 분류하지만, 회사가 임대수익이나 시세차익을 목적으로 부동산을 보유한다면 '투자부동산'이라는 다른 성격의 자산으로 분류해야 합니다.

'무형자산'은 회사가 영업활동을 위해 장기적으로 사용할 목적으로 보유하는 자산이라는 점에서 유형자산과 유사하지만, 무형자산은 물리적 형태가 없습니다. 무형자산에는 특허권, 라이센스, 영업권 등의 자산이 포함됩니다. 무형자산의 경우는 외부에서 구입할 경우에는 구입금액을 기록하면 되지만, 그렇지 않은 경우 그 가치를 평가하기가 어렵습니다. 회사가 가장 합리적인 금액을 추정해 그 가치를 기록하므로, 투자자는 무형자산에 대한 금액은 액면 그대로 받아들이기보다는 그 내역을 보다 자세히 살펴볼 필요가 있습니다.

'기타자산'은 현금 및 현금성 자산, 금융자산, 재고자산, 유형자산, 투자부동산 및 무형자산 등에 속하지 않는 기타의 자산을 말하는데, 회사마다 사용 목적에 따라 분류하는 방식이 다르므로 기타자산의 내역 또한 모두 상이합니다.

이와 같이 기업의 자산은 그 형태가 다르고 동일한 형태의 자산이라도 기업의 사용 목적에 따라 각기 그 쓰임새가 다릅니다. 부동산을 회사가 직접 사용하면 유형자산으로 분류하지만, 임대수익이나 시세차익을 목적으로 보유한다면 투자부동산으로 분류하는 것이 대표적인 예입니다. 결론적으로 기업의 자산은 여러 종류인데 그 형태와 쓰임새에 따라 분류하는 것이라 할 수 있습니다.

요약하면, 회사는 다양한 형태의 자산을 가지고 있습니다. 현금 및 예금, 매출채권, 재고자산, 금융자산, 유형자산, 무형자산, 투자부동산 등이 그것입니다. 자산은 이와 같이 기본적으로 그 형태에 따라 분류합니다. 그렇지만 동일한 형태의 자산이라도 회사의 사용목적 즉 그 쓰임새에 따라 다른 자산으로 기록할 수 있습니다. 대부분의 회계처리에 있어 회사의 정책과 목적이 가장 중요하기 때문입니다. 그래서 재무제표를 작성할때는 회사의 판단요소가 많이 개입하게 됩니다. 특히 다음 장에 설명하는 유동자산과 비유동자산의 구분은 회사의 의도와 목적이 중요한 예 중의 하나입니다.

 재무제표 초보자를 위한 꿀팁!

기업은 현금 및 예금, 매출채권, 재고자산, 금융자산, 유형자산, 무형자산, 투자부동산, 기타자산 등의 다양한 자산을 보유합니다. 자산의 종류별로 그 형태와 사용목적이 다릅니다.

'유동-'과 '비유동-'이 붙는데, 둘의 차이는 뭔가요?

앞서 자산을 현금 및 현금성 자산, 금융자산, 재고자산, 유형자산*, 투자부동산, 무형자산, 기타자산 등으로 분류했습니다. 이는 일반적인 형태의 자산 분류일 뿐입니다. 회사가 그 사용 목적에 따라 회계기준에 부합하게 분류하도록 하고 있습니다.

그런데 회사가 발표하는 실제 재무상태표를 보면 처음에는 유동자산과 비유동자산*으로 분류합니다. 그런 다음, 앞서 설명한 자산의 종류처럼 '현금 및 현금성 자산, 금융자산, 재

유형자산

회사가 영업활동(생산·판매·연구개발 활동 등)에 사용할 목적으로 보유하는 자산이다. 건물, 토지, 공장, 기계장치 등의 자산이 유형자산이다

비유동자산

1년 이상의 장기간에 걸쳐 기업이 보유하는 자산으로, 미래의 장기적인 경제적 효익이 기대된다

고자산, 유형자산, 투자부동산 및 무형자산, 기타자산…' 등의 자산으로 분류하는 것을 볼 수 있습니다.

실제 재무상태표는
유동자산과 비유동자산이 구분된다

대부분 기업의 재무상태표는 자산을 유동자산과 비유동자산으로 구분해 보여줍니다. 여기서 '유동-'의 의미는 현금화가 쉽거나 빠른 시일 내에 현금화할 예정이라는 의미로 생각하면 됩니다. 반면에 '비유동-'은 현금화가 어렵고 당장은 현금화할 의도가 없다는 의미입니다.

그런데 이렇게 유동자산과 비유동자산을 구분할 때에는 회사가 판단합니다. 예를 들면 회사가 어떤 금융상품을 가지고 있는데 1년 이내 현금화할 의도가 있다면 유동자산으로 분류하고, 그렇지 않다면 비유동자산으로 분류합니다.

오른쪽의 ㈜LG전자의 2021년 1분기보고서 상의 재무상태표를 봅시다.

오른쪽 표는 재무상태표 상의 자산내역을 보여줍니다. 크게 보면 자산은 유동자산(붉은색 박스)과 비유동자산(푸른색 박스)으로 구분합니다. 그 이후 유동자산내에서 현금및현금성자산, 금융기관예치금, 매출채권 등으로 세부 분류를 합니다. 마찬가지로 비유동자산내에서도 금융기관예치금, 매출채권, 기타수취채권 등의 세부 분류를 합니다.

㈜LG전자의 재무상태표 (2021년 1분기)

연결 재무상태표

제 20 기 1분기말 2021.03.31 현재

제 19 기말 　　　2020.12.31 현재

(단위: 백만원)

	제 20 기 1분기말	제 19 기말
자산		
유동자산	25,306,574	23,239,420
현금및현금성자산	6,303,286	5,896,309
금융기관예치금	80,083	82,018
매출채권	8,248,960	7,154,932
기타수취채권	487,879	446,426
기타금융자산	15,103	4,292
재고자산	7,995,929	7,447,157
당기법인세자산	83,587	137,324
계약자산	624,164	642,171
기타자산	1,073,730	1,038,976
매각예정분류자산	393,853	389,815
비유동자산	25,152,060	24,964,807
금융기관예치금	58,285	58,903
기타수취채권	472,904	458,171
기타금융자산	172,532	156,491
유형자산	14,064,795	13,973,998
무형자산	3,068,642	3,139,080
이연법인세자산	1,864,962	1,915,928
관계기업 및 공동기업 투자	4,627,747	4,471,590
투자부동산	376	379
순확정급여자산	12,753	10,716
계약자산	236,599	230,511
기타자산	572,465	549,040
자산총계	50,458,634	48,204,227

출처: ㈜LG전자의 2021년도 1분기보고서 상 연결재무상태표

앞의 재무상태표에서 붉은색 박스의 유동자산을 보면 '현금 및 현금성자산, 금융기관예치금, 매출채권, 기타수취채권…'의 자산 과목들이 보입니다. 이들 자산은 1년 이내 현금전환이 용이하거나 1년 이내 현금화할 목적의 자산을 말합니다.

반면 푸른색 박스의 비유동자산을 보면 '금융기관예치금, 매출채권, 기타수취채권, 기타금융자산, 유형자산…'의 자산 과목들이 보입니다. 이들 자산은 1년 이내 현금전환이 용이하지 않으며 1년 이내에는 현금화하지 않을 예정의 자산을 말합니다.

좀더 자세히 보면, 유동자산에는 '현금 및 현금성자산'이 있는데 비유동자산에는 이들이 없습니다. 반대로 비유동자산에는 '유형자산'이 있는데 유동자산에는 이들이 없습니다. '현금 및 현금성자산'은 유동성이 높아 언제든 현금화가 가능한 자산이므로 당연히 유동자산으로 분류됩니다.

반면에 '유형자산'은 회사가 영업활동에 장기적으로 사용할 목적으로 보유하고 있으므로 당장은 1년 이내에 판매해 현금화할 예정이 아닙니다. 그래서 비유동자산으로 분류됩니다.

부채도
유동부채와 비유동부채로 나눈다

부채도 자산과 마찬가지로 '유동부채'와 '비유동부채'로 나눕니다. 유동부채는 1년 이내에 상환해야 할 부채를 말하고, 비유동부채는 만기가 1년 이상이므로 1년 이내에는 상환할 의무가 없는 부채를 말합니다. 유동자산이 현금화가 용이하듯이, 유동부채는 조만간 현금유출이 필요한 일종의 급성부채인 셈입니다.

아래의 ㈜LG전자의 2021년 1분기보고서 상의 재무상태표의 부채를 살펴봅시다. 붉은색 박스 부분은 유동부채를 표시한 것이고, 푸른색 박스 부분은 비유동부채를 표시한 것입니다.

㈜LG전자의 재무상태표(2021년 1분기)

부채		
유동부채	21,645,722	20,207,492
매입채무	9,812,929	8,728,159
차입금	1,707,223	1,450,135
리스부채	275,420	276,632
기타지급채무	3,445,238	3,555,968
기타금융부채	9,717	19,961
당기법인세부채	369,317	202,887
충당부채	920,549	911,009
계약부채	1,911,648	1,645,323
기타부채	3,193,681	3,417,418
비유동부채	9,962,113	10,454,610
차입금	8,056,147	8,469,620
리스부채	609,444	585,428
기타지급채무	62,157	63,136
기타금융부채	105,841	177,471
이연법인세부채	129,057	131,809
순확정급여부채	475,890	499,133
충당부채	269,634	284,770
계약부채	31,294	29,042
기타부채	222,649	214,201
부채총계	31,607,835	30,662,102

출처: ㈜LG전자의 2021년도 1분기보고서 상 연결재무상태표

예를 들면 유동부채의 세부과목 중 차입금은 1년 이내 상환해야 할 의무가 있는 부채를 말합니다. 반면 비유동부채의 세부과목 중 차입금은 1년 이후에 상환할 의무가 있는 부채를 말합니다.

그럼 왜 자산과 부채를 기본적으로 '유동-'과 '비유동-'으로 분류해 보여줄까요? 그 이유는 여러분이 가진 재산과 부채를 통해 생각해보면 간단합니다.

예를 들어 동일한 10억원 시가의 재산을 상정하고, A는 10억원 전액을 현금화가 쉬운 예금과 주식을 가지고 있고, B는 10억원 전액이 현금화가 용이하지 않은 토지를 가지고 있다고 합시다. 이 같은 경우 10억원 시가의 재산이라도 A의 재산이 유동성이 높아 여러 가지 상황에서 대처가 가능합니다. 즉 리스크가 줄어듭니다. 반면에 B는 급전이 필요할 경우 토지를 팔아야 하는데, 시가는 10억원이지만 팔아야 할 절차가 있으므로 시간이 소요됩니다. 그러니 상대적으로 리스크가 커집니다.

부채도 마찬가지입니다. 이번에는 동일한 10억원의 부채를 상정하는데, A의 부채는 10억원 전액의 만기가 30년 후이고, B의 부채는 10억원 전액의 만기가 1년이 남았다고 합시다. A는 부채를 서둘러 상환할 필요가 없으므로 마음에 여유가 있습니다. 반면 B는 내년에 부채를 모두 상환해야 하므로 걱정이 많습니다. 즉 리스크가 커집니다.

자산과 부채를 모두 생각하면, A는 유동성이 높은 자산을 가지고 비유동성 부채를 가지나, B는 비유동성 자산을 가짐에도 유동성이 높은 부채를 가지고 있습니다. 결국 A의 자산과 부채가 유동성과 안정성 모두 좋다고 할 수 있습니다.

기업도 마찬가지로 동일한 금액이라면 유동성이 높은 자산을 많이 가질

수록, 비유동성 부채를 많이 가질수록 유동성과 안정성 측면에 모두 좋다고 할 수 있습니다. 따라서 투자자는 재무상태표를 보고 이렇게 기업의 유동성과 안정성 측면에서 많은 것을 판단할 수 있습니다.

 재무제표 초보자를 위한 꿀팁!

회사가 어떤 금융상품을 가지고 있는데, 1년 이내에 현금화할 의도가 있다면 유동자산으로 분류하고, 그렇지 않다면 비유동자산으로 분류합니다. 유동부채는 1년 이내에 상환해야 할 의무가 있는 것이고, 비유동부채는 1년 이후에 상환할 의무가 있습니다.

질문
TOP
22

영업비용과 영업외비용의 차이는 뭔가요?

손익계산서를 보면 영업비용과 영업외비용이 구분되어 있습니다. 보통 투자자들은 무의식적으로 이를 받아들일 뿐 비용이 왜 그렇게 구분되는지에 대해서는 다소 막연합니다. 이렇게 영업비용과 영업외비용의 차이를 이해하려면 앞서 기업의 활동에 대해 이해해야 합니다.

기업이 사업운영을 하려면 자금을 조달받아야 합니다(이를 재무활동이라 합니다). 조달한 자금을 가지고 사업운영에 필요한 유형과 무형자산 등을 취득해야 합니다(이를 투자활동이라 합니다). 이후 이렇게 취득한 유형·무형의 영업자산* 등을 잘 운영해 재화·용역을 생산·판매하는 등 수익을 창출하는데

영업자산

생산, 판매, R&D 등 기업의 본원적인 영업활동을 위해서 사용하는 자산이다. 예를 들면 재고자산, 유형자산 등이 있다

이를 '영업활동'이라 합니다.

이렇게 기업은 생산(R&D 포함), 판매, 투자, 재무활동* 등을 수행한다고 말할 수 있습니다. 이중 영업활동은 생산과 판매활동을 말합니다. 투자활동의 경우는 영업외활동 중의 하나로 주로 자산의 취득 행위와 관련해서는 비용이 발생하지 않고, 자산의 처분 등 행위와 관련해 영업외비용이 발생합니다. 재무활동은 순수히 자금조달 목적에서 자금을 조달하는 활동으로 이 역시 영업외활동입니다.

재무활동

기업이 주주나 채권자로부터 자본(자금)을 조달하거나 상환(환원)하는 활동을 의미한다

기업의 활동은
영업활동과 영업외활동으로 구분된다

위의 복잡한 논의는 다음과 같이 간단히 정리해볼 수 있습니다.

첫째, 기업의 활동은 영업활동과 영업외활동으로 나눕니다.

둘째, 영업활동은 기업의 본원적 활동인 생산(R&D 포함) 및 판매활동입니다.

셋째, 영업외활동은 영업활동을 제외한 모든 활동으로, 투자활동과 재무활동을 말합니다. 즉 생산과 판매활동 등 영업활동과 직접적 관련없이 각종 자산을 취득 또는 처분하거나, 자금을 조달하거나 유지하기 위한 활동들입니다.

이제 영업활동을 좀더 정확히 얘기해봅시다. 영업활동은 투자한 영업자산을 활용하면서 자원을 획득하고 소모하는 일종의 자원배분활동*입니다.

자원배분활동

기업이 다양한 활동을 위해 획득(구입)한 자원을 그 용도에 따라 필요한 부문이나 단위에 나누어주는 활동을 말한다

즉 회사가 취득한 영업자산을 활용하면서, 당해 필요한 재료와 노무 및 기타 자원을 획득해 생산, 판매, 연구개발 및 각종 지원 활동에 배분하는 것입니다. 각 자원이 획득되어 배분되면 이는 그 활동에 사용(소모)되면서 손익계산서 상 영업비용이라는 항목이 됩니다.

아래의 손익계산서의 구조를 영업과 영업외 관점에서 봅시다.

손익계산서 구조
영업수익 (매출액)
– 영업비용 (매출원가+판매관리비)
= 영업이익
+ 금융수익
– 금융비용 (이자비용 등)
+ 기타수익
– 기타비용 (유형자산처분손실, 각종 자산손상차손 등)
......
= 당기순이익

위 손익계산서에서 영업수익(매출액)에서 영업비용을 차감한 것이 바로 영업이익입니다. 영업비용은 바로 '매출원가'와 '판매비와 일반관리비(판매관리비)'를 합한 금액입니다. 따라서 영업이익은 회사가 생산과 판매 등 본연의 영업활동을 통해 창출한 이익을 의미합니다.

영업이익 이하를 보면, 금융비용, 기타비용에서는 영업외비용 항목이 열

거됩니다. 금융비용은 주로 금융부채와 관련해 발생한 비용입니다. 기타비용은 말 그대로 영업활동이 아닌 비영업활동에서 발생한 금융비용 이외의 기타비용입니다.

정리하면, 손익계산서의 비용항목은 크게 영업비용, 금융비용, 기타비용으로 구성됩니다. 이중 금융비용과 기타비용을 묶으면 영업외비용이 됩니다.

 재무제표 초보자를 위한 꿀팁!

영업비용은 생산과 판매 등 본연의 영업활동을 통해 투입된 비용으로 매출원가와 판매관리비를 합한 금액입니다. 영업외비용은 금융비용, 기타비용 등입니다.

현금흐름표는 어떻게 보나요? (+)면 좋은 건가요?

현금흐름표는 재무상태표, 손익계산서와 더불어 3대 재무제표입니다. 현금흐름표가 주가와 밀접한 관련이 있음에도 불구하고, 대부분 투자자는 현금흐름표를 잘 보지 않습니다. 사실 그 의미를 잘 모르기 때문에 그렇기도 합니다.

현금흐름표의 개념은 쉽습니다. 현금유입이 있으면 (+), 현금유출이 있으면 (-)로 표기하고 현금유입액에서 현금유출액을 빼면 순현금액입니다. 단지 이러한 현금유입, 현금유출, 순현금액을 보여줌에 있어 기업활동을 영업활동, 투자활동, 재무활동으로 나누어 보여준다는 점이 다소 복잡하게 느껴집니다.

기업활동을 영업활동, 투자활동, 재무활동으로 나누어 현금흐름을 보여주기 때문에 각각의 현금흐름의 명칭이 정해집니다. 영업활동현금흐름, 투자활동현금흐름*, 재무활동현금흐름*이 그것입니다.

　앞서 우리는 기업활동에 대해 잠시 살펴보았습니다. 이를 다시 한 번 얘기해봅시다. 기업활동의 순서로 생각해보면 쉽습니다. 첫째, 기업이 사업운영을 위해 자금을 조달받아야 합니다. 이를 '재무활동'이라 합니다. 둘째, 조달한 자금을 가지고 사업운영을 위해 필요한 유형과 무형자산 등을 취득해야 합니다. 이를 '투자활동'이라 합니다. 셋째, 이렇게 취득한 유·무형의 영업자산 등을 잘 운영해 재화·용역을 생산·판매하는 등 수익을 창출하는데, 이를 '영업활동'이라 합니다.

　지금부터 기업활동의 일반적 순서인 재무활동현금흐름, 투자활동현금흐름, 영업활동현금흐름 순으로 알아봅시다.

투자활동현금흐름

기업의 자금으로 설비투자 등을 위해 자산을 취득할 때 유출되는 현금에서 각종 자산을 매각하면서 유입되는 현금을 차감한다

재무활동현금흐름

기업이 주주나 채권자 등 외부로부터 자금을 조달할 때 유입된 현금에서 이들 주주나 채권자 등에게 원금이나 자본사용 대가로 지급하는 현금을 차감한 금액이다

재무활동현금흐름은 새롭게 자금을 조달한 내역이다

　회사가 사업운영을 위해 자금을 조달하면 그것이 재무활동입니다. 그래서 회사가 당기에 주주나 채권자로부터 새롭게 자금을 조달받으면 재무활

동현금흐름에 현금유입으로 표시됩니다. 물론 이 경우 부호는 (+)입니다. 반대로 회사가 그동안 조달받은 자금을 상환하면 재무활동현금흐름에 현금유출로 표시됩니다. 이 경우 부호는 (-)입니다.

아래의 ㈜더존비즈온의 사례를 봅시다. 동 사례는 2019년도 사업보고서의 현금흐름표에서 재무활동현금흐름 내역입니다.

붉은색 박스 부분을 보면 장기차입금의 차입으로 250,000,000,000원의 자금이 유입됨을 알 수 있습니다. 단위가 좀 복잡한데 2,500억원의 현금이 유입된 것이고, 이는 자금의 장기차입으로 인한 것입니다.

푸른색 박스 부분을 보면 기타금융부채의 감소로 58,824,000원의 자금이 유출됨을 알 수 있습니다. 즉 58,824,000원의 자금이 유출되었는데, 이는 기타금융부채를 상환했기 때문입니다.

㈜더존비즈온의 재무활동현금흐름

(단위: 원)

	제 41기 (2017년)	제 42기 (2018년)	제 43기 (2019년)
재무활동현금흐름	(9,243,489,114)	(54,184,099,945)	393,476,955,348
장기차입금의 차입			250,000,000,000
단기차입금의 차입		18,000,000,000	
단기차입금의 상환		(3,000,000,000)	
유동성장기차입금의 상환		(25,000,000,000)	
유상증자			148,483,653,397
정부보조금 수령			1,294,490,447
기타금융부채의 증가	45,500,000	83,540,000	10,582,198,300
기타금융부채의 감소	(52,000,000)		(58,824,000)
자기주식 취득	(1,034,400)	(32,135,154,860)	
배당금 지급	(8,605,048,200)	(11,869,032,000)	(13,073,661,000)
리스부채의 감소	(630,906,514)	(263,453,085)	(3,750,901,796)

출처: ㈜더존비즈온의 2019년도 사업보고서 상 연결현금흐름표

이처럼 재무활동으로 인해 새롭게 자금이 유입되면 현금유입 (+)으로 기록하고, 부채를 상환하면 현금유출 (-)로 기록합니다. 물론 좀더 복잡하게

는 다양한 원인의 재무활동으로 현금유입과 유출이 발생합니다.

현금흐름표를 볼 때 투자자로서 문제에 봉착하는 지점은 "현금유입이 있으면 무조건 좋은 것이고 현금유출이 있으면 무조건 나쁜 것이냐?"라는 질문에 대해 답이 명확치 않다는 것입니다.

이와 같이 재무활동현금흐름을 보면, 자금을 차입해 현금유입이 늘어난다고 무조건 좋다고 볼 수는 없습니다. 자금을 차입한다는 것은 부채가 늘어남을 의미하기 때문에 그만큼 기업위험도 증가합니다. 그렇지만 새로운 자금을 신사업에 투입해 향후 사업을 크게 성장시킬 수 있다면 훌륭합니다.

반면에 회사가 부채 등을 상환해 현금유출이 늘어나면 좋은 것일까요, 나쁜 것일까요? 물론 회사 내에 자금이 넉넉해 그동안 빌렸던 부채를 정상적으로 상환하면 좋은 것입니다. 그렇지만 자금 사정이 좋지 않아 장기부채를 빌려 단기부채를 갚을 수도 있고, 만기가 도래했으니 어쩔 수 없이 갚아야 할 수도 있습니다. 어쨌든 재무활동현금흐름이 (+) 혹은 (-)에 따라 일률적으로 '좋은지 혹은 나쁜지'를 말할 수 없습니다.

따라서 현금유입과 유출이 발생한 내역을 보고, 그 사유를 알아보는 게 가장 현명한 판단에 도움이 됩니다.

투자활동현금흐름은
새롭게 자산을 취득한 내역이다

회사가 조달한 자금을 가지고 사업운영을 위해 필요한 유형과 무형자산 등을 취득하는 것을 '투자활동'이라 합니다. 현금흐름표의 투자활동현금흐름은 회사가 당기에 새롭게 자산 등에 투자해 자금이 유출되면 현금유출로 (-)로 기록됩니다. 반대로 자산 등을 매각해 자금이 유입되면 현금유입으로 (+)로 기록됩니다.

아래의 ㈜더존비즈온의 사례를 봅시다. 이번엔 2019년도 사업보고서의 현금흐름표 중에서 투자활동현금흐름 내역입니다.

붉은색 박스 부분을 보면 기타금융자산의 매각(감소)으로 147,012,017,096원의 자금이 유입(+)됨을 보입니다. 반면 푸른색 박스 부분을 보면 유형자산의 신규 취득으로 503,869,931,743원의 자금이 유출 (-)됨을 보입니다.

이처럼 투자활동으로 인해 자산 등을 매각해 자금이 유입되면 현금유입 (+)으로 기록하고, 자산 등을 취득해 자금이 유출되면 현금유출 (-)로 기록 합니다.

㈜더존비즈온의 투자활동현금흐름

(단위: 원)

	제41기 (2017년)	제42기 (2018년)	제43기 (2019년)
투자활동현금흐름	(23,548,681,044)	(20,127,941,369)	(464,319,096,159)
기타금융자산의 감소	14,543,978,740	4,035,535,744	147,012,017,096
기타금융자산의 증가	(1,762,516,905)	(43,739,327,895)	(93,336,913,052)
당기손익-공정가치측정금융자산의 취득		(500,000,000)	
당기손익-공정가치측정금융자산의 처분		2,940,933,321	485,921,695
매도가능금융자산의 취득	(800,002,140)		
유형자산의 취득	(33,208,338,227)	(18,282,812,388)	(503,869,931,743)
유형자산의 처분	921,715,534	39,295,144,794	52,744,545
무형자산의 취득	(4,543,518,046)	(5,077,414,945)	(7,247,808,812)
무형자산의 처분	1,300,000,000	1,200,000,000	132,000,000
사업결합으로 인한 순현금 유출액			(7,547,125,888)

출처: ㈜더존비즈온의 2019년도 사업보고서 상 연결현금흐름표

현금흐름표를 볼 때 투자자로서 문제에 봉착하는 지점은 "현금유입이 있으면 무조건 좋은 것이고 현금유출이 있으면 무조건 나쁜 것이냐?"라는 질문에 대해 답이 명확치 않다는 것입니다.

이와 같이 투자활동현금흐름을 보면, 자산 등을 매각해 현금유입이 늘어난다고 해서 무조건 좋다고 볼 수는 없습니다. 반대로 자산 등을 취득해 현금유출이 늘어난다고 해서 무조건 나쁘다고 볼 수도 없습니다. 이렇게 새롭게 취득한 자산으로 사업을 잘 운영해 이익을 내면 훌륭합니다.

그러니 현금유입과 유출이 발생한 내역을 보고 그 사유를 알아보는 것이 가장 현명합니다.

영업활동현금흐름은
현금흐름 관점의 이익이다

손익계산서에 영업이익 항목이 있습니다. 이는 기업이 본연의 영업활동을 수행해 창출한 이익입니다. 그런데 이러한 영업이익 등 손익계산서 상 이익들은 모두 기업회계기준에 따라 인식한 수익과 비용에 따라 산정된 것입니다.

10억원의 상품을 고객에게 팔았다고 가정하고 현금은 나중에 받기로 했다고 칩시다. 기업회계기준 상 요건을 만족하면, 10억원의 수익을 기록할 수 있습니다. 그렇지만 이 경우는 현금유입은 없었다는 점에 주목해야 합니다.

다른 예로 20억원의 상품을 판매하기로 하고 현금을 미리 받았다고 해봅시다. 이런 경우는 대개 기업회계기준 상 요건을 충족하지 못하기 때문에 수익은 기록하지 않습니다. 다만 20억원의 현금유입은 받은 그대로 기록합니다.

이와 같이 손익계산서는 기업회계기준에 따라 작성되므로 수익, 비용 그리고 이익에 관한 실체적 사건을 잘 반영해 작성됩니다. 그렇지만 현금유입과 유출을 정확히 반영하지 못하는 그저 장부 상의 금액입니다.

영업이익과 영업활동현금흐름은 이익의 개념이라는 점에선 유사하지만, '장부상(회계기준상)의 이익이냐' 아니면 '현금 관점에서의 이익이냐'의 차이가 있습니다.

영업활동현금흐름은
이익에서 조정해 산출한다

현금기준

손익계산서 상 수익과 비용은 별도의 회계처리 기준에 따라 인식하지만, 현금흐름표는 현금주의에 따라 현금의 유입과 유출을 기록한다

영업이익은 영업수익에서 영업비용을 차감하는 것인데, 현금기준*이 아니라 기업회계기준에 따라 인식하는 것입니다. 영업활동현금흐름은 기업이 생산과 판매활동을 수행하면서 창출되는 현금유입액에서 현금유출액을 차감한 것이므로, 이에 준하는 이익 개념이 바로 영업이익입니다. 궁극적으로 영업이익과 영업활동현금흐름은 개념적으로는 유사하나, 하나는 수익과 비용, 다른 하나는 현금수입과 현금지출이라는 점이 중요한 차이입니다.

영업활동현금흐름은 직접적으로 영업활동으로 인한 현금유입액에서 현금유출액을 차감해 산정(직접법)할 수 있으나, 대개는 당기순이익에서 출발해 비현금성 항목 등을 조정해 산정(간접법)합니다.

손익계산서 상 수익과 비용은 현금지출이 수반되는지 아니면 그렇지 않은지에 따라 '현금성 수익·비용'과 '비현금성 수익·비용'*으로 구분할 수 있

습니다. 좀 복잡한 얘기이지만, 손익계산서의 당기순이익에서 출발해 비현금성 수익·비용을 조정하고 이후 영업활동과 관련이 없는 수익· 비용을 조정하는 등의 다양한 절차를 거쳐 영업활동현금흐름을 산정하게 됩니다. 여기서는 손익계산서 상 이익과 영업활동현금흐름 간의 조정항목이 있다는 정도만 기억하면 됩니다.

비현금성 수익

손익계산서 상 수익항목인데, 현금유입이 없는 수익을 말한다

비현금성 비용

손익계산서 상 비용항목이나 현금지출이 없는 비용을 말한다

 재무제표 초보자를 위한 꿀팁!

기업활동을 영업활동, 투자활동, 재무활동으로 나누어 각각의 현금흐름을 보여줍니다. 현금흐름표는 진짜 실적을 보여줌에도 대부분의 투자자는 잘 보지 않습니다. 각 현금흐름 속의 정보는 주가와 관련성이 크니 반드시 참고해야 합니다.

이익보다 영업현금흐름이 크면 좋은 건가요?

영업활동은 회사가 취득한 영업자산을 활용해서 당해 필요한 재료, 노무 및 기타 자원을 획득해 생산(연구개발 포함), 판매 및 각종 지원활동을 수행하는 것입니다. 영업에 필요한 각종 자원을 구입 및 투입해 각 활동을 수행하면서 각종 비용이 발생하고, 동시에 제품 및 상품 판매 등을 통해 수익이 발생합니다.

영업활동을 수행하면서 발생하는 수익과 비용을 회계기준에 따라 인식한 후, 수익에서 비용을 차감하는 방식으로 각종 이익을 산정합니다. 이때는 현금이 수반될 수도 있고 그렇지 않을 수도 있습니다. 반면, 오직 현금유출입 관점에서 영업활동을 수행하면서 유입되는 현금과 유출되는 현금을 차감하면 영업활동현금흐름이 됩니다.

154

결국 회계기준에 따라 수익과 비용을 인식해 차감하면 이익이고, 이러한 과정에서 현금유출입이 수반되면 현금흐름표의 영업활동현금흐름을 구성하게 됩니다. 그래서 손익계산서 상의 이익은 현금관련 조정 등을 통해 현금흐름표 상의 영업활동현금흐름으로 전환될 수 있습니다.

이익보다 영업현금흐름이 클수록 좋은 시그널이다

이익과 영업현금흐름은 어느 정도의 시차*는 있지만 같은 방향으로 움직이는 것이 타당합니다. 그러나 양자 간의 큰 차이가 발생한다면 이러한 차이에 대해서는 점검해볼 문제가 많습니다. 하나는 영업활동현금흐름이 이익보다 큰 경우이고, 다른 하나는 이익이 영업활동현금흐름보다 큰 경우입니다.

첫째, '영업활동현금흐름 〉이익'인 경우입니다.

감가상각비*처럼 실질적으로 현금지출이 없는 비용 때문에 이익보다 영업활동현금흐름이 큰 경우입니다. 이는 대개는 정상적입니다. 기업회계기준에 따라 현금지출이 없다 하더라도 매년 인식할 비용항목이 많기 때문입니다.

시차

분기실적 발표는 통상 해당 분기일의 마지막 날로부터 한 달 정도 후에는 발표한다. 따라서 분기실적과 주가는 1개월 이상의 시차가 존재한다

감가상각비

공장, 기계설비 등 유형자산은 노후화 등으로 기간의 경과에 따라 경제적 가치가 감소하는데, 매년 인위적으로 가치감소분을 비용으로 인식한다

외상매출

외상으로 상품이나 제품을 판매한 매출을 의미하며, 판매자는 현금 대신에 매출채권 등을 받게 된다

만약 양자의 차이가 매우 크다면 과거에 유형자산에 대한 대규모 투자로 인해 감가상각비가 매우 크게 발생한 경우가 있을 수 있습니다. 이러한 경우 추후 감가상각이 마무리되면 이익이 급증할 가능성도 큽니다.

어쨌든 이와 같이 영업활동현금흐름이 이익보다 크면 클수록 좋은 시그널임이 분명합니다. 현금이 잘 창출되고 있으니 분명 사업이 잘되고 있는 것입니다.

둘째, '이익 〉 영업활동현금흐름' 인 경우입니다.

이익이 상대적으로 큰 경우에는 우선 수익 쪽을 생각해볼 수 있습니다. 예를 들면 당장은 현금이 들어오지 않는 각종 자산의 평가이익 때문입니다. 이는 자산의 시가가 증가하는 경우이므로 좋은 상황이라 볼 수 있습니다.

다른 예로, 매출을 인식했는데 외상매출금*이 회수가 안 되어서 현금유입이 안 되는 경우입니다. 이는 제품을 판매해도 돈이 잘 들어오지 않는 상황이므로 좋지 않습니다.

대체로는 이익과 영업활동현금흐름은 어느 정도 시차가 있긴 하지만 같은 방향으로 움직입니다. 양자를 비교해서 영업활동현금흐름이 클수록 좋은 시그널이라 봐도 무방합니다. 반대로 영업활동현금흐름은 급감하는데, 이익만 늘어나는 경우는 나쁜 시그널이라 봐야 합니다.

많은 주식투자자들은 이익지표를 실적의 전부인 것처럼 받아들이고 자칫 이를 맹신하기도 합니다. 물론 이익지표는 기업이 장사를 잘하는지를 잘 보여줍니다. 그렇지만 이익지표는 회사의 회계정책이나 판단에 따라 조정의 여지가 크고, 심지어 나쁜 경우는 조작의 여지도 있습니다. 장사가 안돼

창고에 쌓이는 재고자산을 잠시 생각해봅시다. 이러한 재고자산의 수를 늘리기만 해도 이익지표는 좋게 만들 수도 있습니다(이 과정은 뒤에서 살펴봅니다). 그래서 이익지표만으로 회사의 실적을 그대로 확신해서는 안 됩니다.

중요한 것은 영업활동현금흐름은 조작이 불가능하기 때문에 '이익 등 어떤 수치와 비교해서 다르다면 항상 영업활동현금흐름이 옳다'는 것입니다.

재무제표 초보자를 위한 꿀팁!

영업활동현금흐름은 금고 속의 현금과 같아서 조작이 불가능하기 때문에, 만약 이익 등 어떤 수치와 비교해서 다르다면 항상 영업활동현금흐름이 옳다는 점을 명심합시다.

어떤 투자자들은 '재무제표가 무슨 도움이 되겠어?'라며 재무제표에 회의적인 시각을 가진다. 왜냐하면 기업이 장사를 잘하는지에 대해서는 관심이 없기 때문이다. 장사를 잘하는 기업의 주가는 결국 오르기 마련이다. 3장에서는 재무제표를 통해 기업이 장사를 잘하고 있는지를 체크하는 방법을 알아본다. 나아가 급등주를 정확히 집어내는 방법을 알아본다.

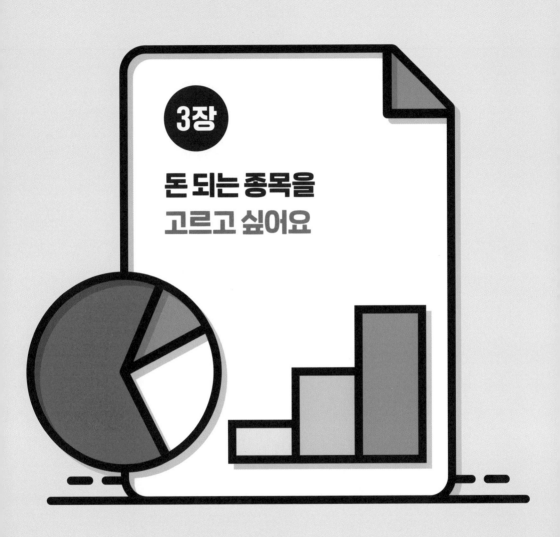

3장

돈 되는 종목을
고르고 싶어요

질문 TOP 25

기업이 돈을 잘 버는지 보려면 어떤 항목을 보면 되나요?

▶ 저자직강 동영상 강의로 이해 쏙쏙
QR코드를 스캔하셔서 동영상 강의를 보시고
이 칼럼을 읽으시면 훨씬 이해가 잘됩니다!

*이 칼럼의 저자 직강 영상은 2개입니다.

투자자들이 '재무제표가 무슨 도움이 되겠어?'라는 회의적인 시각으로 재무제표를 간과한다면 생각지도 못한 맨홀에 빠지기 쉽습니다. 기업이 돈을 잘 벌면 재무제표에 나타나기 마련이지만, 그렇지 못한 기업의 상황도 재무제표에 나타날 수밖에 없습니다. 기업의 나쁜 상황을 재무제표를 통해 정확히 체크하지 않고서는 뜻밖의 맨홀에 빠질 수밖에 없습니다.

흔히 재무제표가 뒷북(?)이라고 주장하는 사람들은 사실 재무제표를 읽어보지 않는 투자자일 수 있습니다. 재무제표는 기업이 장사를 잘하고 있는지 그리고 앞으로도 계속 잘할 수 있는지에 대한 모든 팩트가 담겨 있습니다. 그런데 많은 투자자들이 '실적이 좋았다 혹은 나빴다'라는 뉴스 상의 말만 주워 담습니다. 재무제표 상의 중요한 팩트는커녕 최소한의 실적조차도 확인하지 않는 게 현실입니다.

물론 재무제표를 체크해 좋은 실적의 기업을 잘 골랐다고 해도 끝없는 장기투자가 능사는 아닙니다. 기업은 계속해서 영업활동을 수행하고 있으므로, 스마트 투자자라면 분기별로 발표되는 재무제표를 꼭 챙겨보면서 분기실적에 따라 지속적으로 주식을 보유할지를 고민해야 합니다.

장사를 잘하는지를 보려면 네 가지를 체크하면 된다

그렇다면 기업이 장사를 잘하고 있는지를 재무제표를 통해 제대로 살펴보는 방법에 대해 알아봅시다. 흔히 재무제표를 대할 때는 백화점에 나열된 상품을 살펴보듯이 재무제표의 각 항목들을 훑어보게 되는데, 이런 방식은 주식투자자에게 도움이 되지 않습니다. 주식투자자로서 기업이 장사를 잘하고 있는지를 체크하기 위해 다음의 네 가지 항목에 집중해 재무제표를 살펴보면 충분합니다.

첫째, 영업이익 지표*입니다. 이는 영업이익률과 영업이익성장률을 들 수 있습니다. 장사를 잘하는 기업의 주가는 지속적으로 오르기 마련입니다.

영업이익은 기업이 장사를 잘하는지를 보여주는 가장 기본적인 지표입니다. 만약 여러분이 자영업을 한다고 한다면, 장사가 잘되는 매장의 가치가 비싸질 수밖에 없는 이치입니다. 그래서 어떤 기업의 영업이익이 지속적으로 성

영업이익 지표

영업이익을 이용한 지표에는 영업이익, 영업이익률, 영업이익성장률 등이 있다

장하게 되면 해당 기업의 주가도 지속적으로
상승할 원동력을 갖게 됩니다.

영업성과
기업의 생산 및 판매 등 본원적
인 영업활동으로 인한 경영성
과를 말한다

그렇지만 영업이익 수치를 그대로 받아들
이면 곤란합니다. 그 이유는 회사마다 회계처
리가 다르고, 각 회사가 이익 수치를 임의로 조
정할 수 있는 여지가 크기 때문입니다. 또한 대개는 현금의 실질적인 유출
입이 없는 비현금성 항목의 비중이 크므로 영업이익이 그대로 영업성과*의
진실이 될 수 없습니다.

흔히 재무제표 상으로는 영업흑자를 달성했지만 그 실상을 보면 적자인
기업들도 상당히 많습니다. 반대로 영업이익 수치는 좋지 않지만 실제로는
장사가 잘되고 있는 기업도 꽤 있습니다. 그 예로 현대차가 2020년 3분기
에 −3,100억원대의 영업적자를 발표했지만, 그 영업내용을 들여다보면 오
히려 1조 8천억원 상당의 흑자로 볼 수 있습니다.

영업활동현금흐름은
보다 큰 진실을 말해준다

둘째, 영업성과에 대해 보다 큰 진실을 말해주는 항목으로 영업활동현금
흐름을 꼽을 수 있습니다. 영업이익과 영업활동현금흐름은 각각 '회계장부
상의 이익'과 '현금 관점에서의 이익'이라는 차이가 있습니다. 영업활동현
금흐름은 마치 금고 속의 현금과도 같아서 조정이나 조작이 불가능합니다.
그렇기에 어떤 기업의 장사가 잘되고 있는지 그 실상을 그대로 보여줍니다.

예를 들어 소폭의 영업흑자인데 영업활동현금흐름이 좋지 않다면 그건 가짜 흑자일 가능성이 높습니다. 반대로 영업적자임에도 불구하고 영업활동현금흐름이 폭발적으로 증가하고 있다면 그건 장사가 잘되고 있는 것입니다. 그래서 영업이익의 성장과 함께 영업활동현금흐름도 상승세라면 해당 기업의 실적은 진실로 좋아지는 것입니다. 주식투자자로서 재무제표를 볼 때는 영업활동현금흐름의 성장을 체크하고, 영업이익과 영업활동현금흐름의 방향성이 일치하는지를 확인해야 합니다.

이처럼 현금흐름 지표는 진짜 실적을 보여주기 때문에 주식투자자에게 매우 중요한 정보인데도, 지금까지 간과되어 왔습니다. 영업활동현금흐름뿐만 아니라 잉여현금흐름*이라는 다소 복잡한 개념이 있는데, 잉여현금흐름을 통해 실적의 실체에 보다 가깝게 접근할 수 있습니다. 나아가 잉여현금흐름을 통해 급등주*를 분명히 포착할 수 있습니다(다음 장에서 잉여현금흐름에 대해 살펴볼 것입니다). 그 예로 카카오는 2019년에 창사 이래 최대 적자를 기록했지만, 당해 잉여현금흐름이 급증하면서 동시에 주가도 급등했습니다.

잉여현금흐름

잉여현금흐름은 '영업활동현금흐름-영업에 대한 투자'로 정의된다

급등주

주가는 일정한 범위 내에서 파동의 형태로 변동하는데, 이러한 범위를 넘어 큰 상승을 하는 주식을 말한다

셋째, 영업성과로서 영업활동현금흐름 수치 자체도 중요하지만 '이익과 영업활동현금흐름의 차이를 조정하는 항목'을 통해 영업이익에 숨겨진 진실을 정확히 파악할 수 있습니다. 이러한 조정항목은 현금흐름표와 재무제표의 주석에 기재됩니다.

조정항목은 크게 '비현금성 수익·비용'과 '운전자본*의 변동'이 있습니다. 예를 들면 현

대차가 2020년 3분기에 발표한 2조 1,300억 원의 품질관련 비용은 현금지출이 없는 비용(비현금성 비용)입니다. 한편 운전자본은 매출채권과 재고자산을 합한 다소 복잡한 개념인데, 간단히 말하자면 이러한 운전자본이 증가하면 영업이익이 과대하게 왜곡될 여지가 큽니다.

넷째, 대규모 투자지출*과 자금조달은 가치와 직결되는 것은 물론 향후 기업의 실적에도 지대한 영향을 미칩니다. 기업이 대규모 투자를 감행한다는 것은 유형과 무형의 자산을 취득하는 것을 말합니다. 이러한 항목은 재무상태표 상의 자산으로 기록됩니다. 그런데 주식투자자가 재무제표를 살펴볼 때는 현금흐름표를 봐야 합니다. 대규모 투자를 감행한 내역은 현금흐름표 상의 투자활동현금흐름에 명시되기 때문입니다.

반면 사채발행이나 유상증자* 등 기업이 대규모의 자금을 조달하는 경우는 현금흐름표의 재무활동현금흐름에 나타납니다. 이렇게 대규모 투자지출과 자금조달이 이루어진 이유와 조건을 확인해보면, 숨겨진 그림자와 가치를 정확히 파악할 수 있습니다.

지금까지 재무제표를 통해 기업이 장사를 잘하고 있는지를 제대로 살펴보는 방법에 대해 간단히 알아보았습니다. 재무제표를 통해 위의 네 가지

운전자본

매출채권 및 재고자산과 같이 거래활동에 즉시 동원될 수 있는 환금성이 높은 단기적·유동적 자산을 말한다

투자지출

각종 자산의 취득(처분액 차감)·증설 관련 지출로, 공장, 기계 및 설비, 구조물 등 생산과 관련된 실물 자본에 대한 지출과 금융자산 등에 대한 지출 등이 있다

유상증자

기업이 대규모 자금이 필요할 때 신주를 발행하면서 주주 등으로부터 자금을 조달하는 것을 말한다. 이 경우 주식수와 자본이 늘어난다

항목들을 간과할 경우 자칫 맨홀에 빠지듯 투자리스크가 매우 커질 수 있습니다. 재무제표에서 중요한 네 가지 항목에 이상징후가 있다면 아무리 테마가 좋고 기대감이 있더라도 피해야 합니다.

재무제표 초보자를 위한 꿀팁!

어떤 투자자들은 '재무제표가 무슨 도움이 되겠어?'라며 회의적인 시각을 가집니다. 그건 기업이 장사를 잘하는지에 대해서는 관심이 없기 때문입니다. 재무제표의 네 가지 항목만 잘 체크하면 기업이 장사를 잘하고 있는지를 확인할 수 있습니다.

영업이익과 주가는
어떻게 관련이 되나요?

주식투자자로서 어떤 기업의 가치*를 가늠하기 위해 체크해야 할 가장 중요한 것이 무엇일까요? 그것은 한마디로 '기업이 이익을 지속적으로 창출할 능력이 있는가?'입니다.

영업이익은 기업의 경상적 영업활동에서 발생한 손익으로, 매년 유사한 패턴으로 발생하는 이익입니다. 반면 당기순이익은 영업이익뿐만 아니라 비경상적인 영업외활동에서 발생하는 영업외손익을 포함해 산정합니다.

이익은 '지속적 손익'과 '일시적 손익'으로 구분됩니다. '지속적 손익'은 당해 발생한 손익항목이 차후에도 유사한 크기로 지속적으로 발생할 가능

기업의 가치

기업전체의 시장(공정)가치로, 손쉽게는 주식의 시가총액에서 부채의 시장가치를 가산해 구할 수 있다

일시적 이익

당해 발생한 손익 항목이, 차후에도 유사한 크기로 발생할 가능성이 희박한 손익이다

성이 높은 손익입니다. 반대로 '일시적 손익'은 당해 발생한 손익항목이 차후에 유사한 크기로 발생할 가능성이 희박한 손익입니다.

우리가 '이익의 지속적 창출능력'을 판단할 때에는 일시적 이익*을 배제한 지속적 이익을 사용해야 합니다. 일시적 이익은 향후 지속적으로 발생할 성질이 아니므로 장기적 기업가치에 미치는 영향은 미미합니다.

손익계산서 상 영업이익은 원칙적으로 '영업이익까지의 항목'이 지속적 손익과 관련되고, '영업이익의 아래 항목'이 일시적 손익과 관련된다고 보면 됩니다. 따라서 향후에도 지속적으로 발생할 성질의 관점에서 이익항목 중 '영업이익'이 가장 중요하게 다루어집니다.

주가에 직결되는 첫 번째 항목은 영업이익이다

어떤 기업이 그 가치와 주가를 높이기 위해서는 무엇보다 영업이익을 지속적으로 창출할 수 있어야 합니다. 다음은 이론적으로 지속적으로 검증되어 왔던 명제입니다.

"기업가치에서 중요한 것은 초과영업이익* 의 지속적 창출능력이다."

위의 명제에 따라 기업의 가치를 가늠하는 재무제표의 요소를 발굴해봅시다.

초과영업이익

기업의 영업이익에서 동종산업의 평균적인 영업이익을 차감한 이익을 말한다

168

첫째, '초과영업이익의 지속적 창출능력'에서 '초과영업이익'은 '수익성'*을 의미합니다. 초과영업이익은 동종기업의 평균적인 영업이익을 초과하는 영업이익을 말합니다.

수익성

기업이 매출을 통해 원가를 상쇄하고도 벌어들이는 이익의 정도로, 흔히 매출에서 이익이 차지하는 비율을 말한다

이는 정상적 수익률을 넘어서는 초과 수익률로, 이론적으로 다소 어려운 과정을 통해 산출해야 합니다. 어떤 기업이 초과영업이익을 낸다는 것은 배타적 사업우위를 가진다는 의미입니다. 이러한 배타적 사업우위는 높은 영업이익률(=영업이익/매출액)로 나타납니다.

둘째, '지속적 창출능력'은 이익의 정체를 말하는 게 아니고 '이익의 성장'을 의미합니다. 좀 복잡한 얘기지만, 미래의 이익은 할인율*로 할인해야만 현재가치가 됩니다.

따라서 미래에는 명목적 이익이 늘어나야만 실질적 이익이 유지되는 것입니다. 그래서 여기서 '지속력'은 분명히 '성장성'*을 의미합니다. 이러한 영업이익의 지속력을 측정하는 바로미터로 '영업이익성장률'을 쓸 수 있습니다.

즉 기업의 가치를 가늠하기 위해서는 재무제표의 항목 중 '영업이익'이 가장 중요하고, 특히 수익성 지표인 '영업이익률'과 성장성 지표인 '영업이익성장률'이 그 중에서 핵심입니다.

'영업이익률'와 '영업이익성장률'은
주가의 레벨과 상승을 말해준다

주가레벨

주가는 특정한 가격 구간 내에서 일정한 파동의 형태로 움직이는데, 이러한 특정한 가격 구간을 주가레벨이라 할 수 있다

그룹웨어

기업 등의 구성원들이 컴퓨터로 연결된 작업장에서, 상호 협력적인 그룹 업무를 지원하기 위한 소프트웨어나 관련 환경을 말한다

필자의 견해이지만, 큰 그림에서 '영업이익률'은 어떤 기업의 기본적인 주가레벨(Level)*을 말해주고, '영업이익성장률'은 그 기업의 주가상승(변동)을 말해줍니다.

㈜더존비즈온의 사례를 보죠. 동사는 국내 세무회계용 ERP(전사적자원관리) 분야 시장점유율 1위 기업으로, 클라우드 사업과 그룹웨어*라는 신사업이 고성장으로 이어지고 있습니다. 중소기업을 고객으로 하는 ERP, 클라우드 및 그룹웨어의 최강자 기업이라 볼 수 있습니다. 다음은 동사의 영업이익 지표인 영업이익률과 영업이익성장률입니다.

동사의 영업이익률은 과거부터 20% 이상의 높은 수치를 보이는데,

㈜더존비즈온의 영업이익 지표

	2016년	2017년	2018년	2019년
영업이익률	21.7%	24.7%	23.8%	25.4%
영업이익성장률	32.5%	31.5%	6.9%	23.7%

출처: ㈜더존비즈온의 2016~2019년 사업보고서 중 연결손익계산서

2019년말에는 무려 25.4%에 이릅니다. 필자
는 영업이익률 20% 이상의 기업은 배타적인
사업우위*를 가진 기업으로 봅니다.

다음은 ㈜더존비즈온의 주가 추이입니다.

이 주가그래프에서 알 수 있듯이 ㈜더존비
즈온의 주가는 장기적 상승추세에 있습니다.

> **배타적인 사업우위**
>
> 어떤 기업을 경쟁기업과 뚜렷
> 이 차별화시키는 제품, 사업 및
> 시장 등에 있어 우월적 지위를
> 말한다

㈜더존비즈온의 주가 추이(월봉)

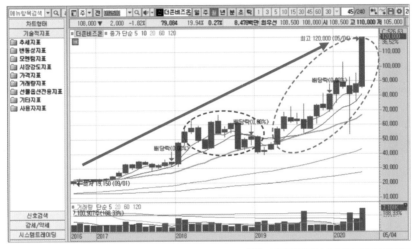

출처: 키움증권 HTS, ㈜더존비즈온의 종합차트

이러한 상승 에너지는 높은 '영업이익성장률'에서 찾을 수 있습니다. 동
사의 2019년말 현재 영업이익성장률은 23.7%로, 2018년을 제외하고는 과
거부터 20% 수준을 월등히 초과하는 엄청난 성장률을 보여왔습니다.

동사는 이러한 놀라운 영업이익률과 성장률로 말미암아 2019년말

PER

현재의 주가를 주당순이익으로 나누어 산정한다. PER는 '그 정도의 주당순이익이면 어느 정도 주가인가?'를 설명한다

고(저)평가

어떤 기업의 주가가 다른 기업의 주가나 어떤 기준(이익 수준 등)에 비해 높거나 낮을 때 고(저)평가되었다고 한다

81,000원의 종가를 기록합니다. 이때 PER*는 48.58입니다. 통상 코스피시장에선 PER 10배를 기준으로 고평가*주식과 저평가*주식으로 나누고 있으니, PER 관점에서도 놀라운 수치입니다.

2018년도를 잠시 주목해보죠. 2018년도 영업이익성장률은 연간 6.9%수준을 보이며 주춤해집니다(실제로는 1분기 실적부터 주춤해집니다). 이에 따라 주가상승도 주춤합니다. 그렇지만 월등한 영업이익률(20% 이상)을 유지하고 있어 주가의 레벨 자체는 유지합니다(앞의 주가그래프에서 푸른색 점선 부분).

다시 2019년부터(실적발표 시즌임을 감안하면 2~3월 이후) 과거의 월등한 영업이익성장률(23.7%)을 회복하면서 주가는 다시 상승추세에 오릅니다(주가그래프에서 붉은색 점선 부분).

결론은 다음과 같습니다. ㈜더존비즈온의 주가수준이 동종기업의 주가보다 높은 범위(레벨)에서 움직인다면, ㈜더존비즈온의 '영업이익률'에서 찾을 수 있습니다. 그리고 주가가 장기적 상승 추세에 있다면, 그건 높은 '영업이익성장률'에서 찾을 수 있습니다.

물론 이러한 결론은 큰 그림에서 통상적으로 그렇다는 것입니다. 모든 기업의 주가가 영업이익율과 영업이익성장률로 무조건 결정된다고 생각하는 것은 무리입니다. 단지 그렇게 주가의 큰 그림을 결정하는 중요한 요소라는 정도로만 파악하면 됩니다. 즉 큰 그림에서 수익성의 바로미터인 '영

업이익률'은 주가레벨을 설명해주고, 성장성의 바로미터인 '영업이익성장률'은 주가상승(변동)을 설명해줍니다. 그렇지만 이 2개의 비율로만 기업의 주가수준을 그대로 판단해서는 안 된다는 점을 유의해야 합니다.

재무제표 초보자를 위한 꿀팁!

주가에 가장 중요한 지표는 영업이익입니다. 영업이익률은 주가레벨을, 영업이익성장률은 주가상승(변동)을 잘 설명해줍니다. 그렇지만 이 2개의 비율로만 주가수준을 그대로 판단해서는 안 됩니다.

영업이익이 기업의 실상을
정확히 반영 못하기도 하나요?

영업이익 지표가 물론 투자에 있어서 가장 중요한 지표는 맞습니다. 그러나 영업이익 지표가 그대로 실상이 되는 건 아닙니다. 주식시장은 대자연의 험난함과 맞닥뜨리는 것과 같아서 어떠한 단편적인 지표만을 과신해서는 안 됩니다.

영업흑자를 달성했지만 그 내용과 실상을 보면 적자인 기업들도 상당히 많습니다. 그러한 현상이 나타나는 이유는 상장기업의 관리종목이나 상장폐지 지정사유를 통해 쉽게 이해할 수 있습니다.

코스닥시장에서의 관리종목 지정사유 중 대표적인 경우가 '최근 4개 사업년도동안 영업손실이 지속된 경우'입니다. 나아가 상장폐지 사유 중 '최근 5개 사업년도 동안 영업손실이 지속된 경우'입니다. 그래서 코스닥 기업들 중에는 3년 동안 영업적자를 면치 못하다가 4년마다 소폭의 영업흑자를 달성하는 경우가 적지 않습니다.

소폭의 영업흑자 전환은 재고자산 조정만으로도 가능하다

기업이 이와 같이 주기적으로 영업흑자를 기록하는 극단적인 경우도 많이 발견되지만, 그보다는 소폭 이상의 영업흑자로 탈바꿈시키는 사례가 빈번합니다. 기업이 영업적자를 기록하면 주식시장은 그리 달갑게 반응하지 않는다는 것은 누구보다도 경영자가 잘 알고 있습니다. 영업적자는 경영자로선 상처일 뿐 아니라 위험요인이 될 수 있습니다.

아래는 ㈜XXX화학의 2017년 사례입니다.

㈜XXX화학의 재고자산과 영업이익

(단위: 백만원)

	제49기 (2016년)	제50기 (2017년)	증감액	증감률
매출액	286,513	431,646		50.7%
매출원가	271,804	382,993		40.9%
영업이익(손실)	(13,980)	20,675	34,655	흑자전환
영업이익률	-4.9%	4.8%		
재고자산	29,728	59,095	29,367	98.8%

출처: ㈜XXX화학의 사업보고서 상 연결재무제표

기말재고

매입 또는 제조에 직접 소요된 제비용은 재고자산으로 기록하는데, 당해말까지 판매되지 않은 상품 및 제품 등의 재고자산을 말한다

앞의 표를 보면 동사는 2016년에 140억원 상당의 영업적자를 냈는데, 다음 해인 2017년에는 207억원의 영업흑자를 내 반전을 이루어 냈습니다.

이러한 반전에는 다양한 요인이 있겠지만, 여기서는 재고자산의 증분과 연결시켜 볼 수 있습니다. 좀 어려운 얘기일 수 있는데, 매출원가는 통상 기말재고액이 결정되면 역산해서 구하게 되므로 기말재고액이 늘어나면 자동적으로 매출원가는 줄어듭니다.

즉 기말재고*가 급증하면 매출원가가 그만큼 급감하고, 그만큼 영업이익이 급증하게 됩니다. 다시 말해 기말재고가 급증하면 그만큼의 영업이익이 증가하는 셈입니다.

2016년에 297억원의 기말재고 자산이 다음 해(2017년)에는 591억원이 되었습니다. 재고자산이 전기대비 294억원이 증가해 99%에 가까운 증가율을 보였습니다. 이와 같은 재고자산 증가액 294억원은 영업이익 증가액 347억원과 규모면에서 언뜻 유사합니다.

이와 같이 적자기업은 재고자산을 조정하는 것만으로도 충분히 영업흑자로 전환시킬 수 있다는 사실에 유념해야 합니다. 그래서 영업이익 지표를 맹신해서는 안 되는 것입니다.

영업적자이지만 내용면에서
사실상 흑자인 경우도 있다

분기 실적발표

기업들은 법적으로 해당 분기 일의 마지막 날로부터 45일 이내 분기 실적공시(발표)를 해야 하며, 통상 한 달 정도 후에는 발표한다

반대로 영업적자임에도 불구하고 그 내용을 보면 사실상 흑자인 경우도 있습니다. 다음 현대차의 사례를 보죠.

현대차는 2020년 3분기 실적발표*를 했는데, 영업이익은 -3,138억원, 당기순이익은 -1,888억원의 적자를 기록했습니다. 당시 시장에서는 현대차의 영업이 잘되는 것으로 인지하고 있었으므로 다소 충격적인 실적발표였습니다.

그러나 그 실상을 보면 이는 단지 손익계산서 상의 하나의 이벤트에 불과하다는 것을 알 수 있습니다. 2조 1,300억원의 제품보증손실충당금을 미리 적립하면서 실제 현금 유출 없이 손익계산서 상에 미리 그만큼의 손실(비용)을 인식한 것입니다. 이러한 효과를 배제하면 1조 8천억원의 엄청난

현대차 분기실적(연결기준)

(단위: 억원)

	2020년 1분기	2020년 2분기	2020년 3분기
매출액	253,194	218,590	275,758
영업이익	8,638	5,903	-3,138
당기순이익	5,527	3,773	-1,888
영업활동현금흐름	8,220	-1,053	14,986

출처: ㈜현대자동차의 사업보고서 상 연결재무제표

영업이익을 보여준 셈입니다.

이처럼 −3,100억원대의 영업적자의 실상을 알고 싶으면 영업현금흐름을 들여다보면 됩니다. 앞의 표를 보면 2020년 3분기의 영업현금흐름은 1조 5천억원 상당의 엄청난 흑자임을 알 수 있습니다. 영업활동현금흐름의 폭발적인 증가는 장사가 잘되고 있음을 보여주는 것입니다.

그럼 다음의 현대차의 주가그래프를 살펴보죠.

㈜현대자동차의 2020년 10월 26일 실적발표와 주가

출처: 키움증권 HTS, 현대자동차의 주봉 주가차트

앞의 그래프와 같이 2020년 10월 26일 현대차는 영업적자의 실적을 발표했는데, 발표 당일 이후부터 주가는 지속적으로 상승하는 모습을 보여주었습니다. 여기서 검은색 화살표가 실적발표가 있었던 해당 주입니다.

요약하자면, 기본적으로는 영업이익이 영업활동의 성과를 잘 반영합니다. 그렇지만 영업실적에 대한 진실은 영업현금흐름을 함께 살펴봐야 한다는 것입니다. 만약 영업이익 지표와 영업활동현금흐름이 계속해서 엇박자가 나거나 다소 큰 금액으로 상호 차이가 난다면, 우선 영업활동현금흐름을 신뢰하고 이들의 차이를 정확히 살펴봐야 할 것입니다. 이외에도 영업실적을 확인할 수 있는 다양한 지표가 있으므로 이러한 지표를 확인하면서 진짜 실적을 추적해야 합니다.

 재무제표 초보자를 위한 꿀팁!

영업이익이 영업활동의 성과를 잘 반영합니다. 그렇지만 영업실적에 대한 진실은 영업현금흐름을 함께 살펴봐야 알 수 있습니다. 만약 영업이익과 영업활동현금흐름이 엇박자가 난다면 진짜 실적인 영업현금흐름을 추종해야 합니다.

질문 TOP 28

영업현금흐름으로 어떻게 좋은 주식을 판단하나요?

▶ **저자직강 동영상 강의로 이해 쑥쑥**
QR코드를 스캔하셔서 동영상 강의를 보시고
이 칼럼을 읽으시면 훨씬 이해가 잘됩니다!

　　장기투자자로서 성공하려면 '스마트'한 실적추종가가 되어야 합니다. 스마트한 실적추종가는 장기적으로 실적이 성장하는 기업을 선별해 실적을 추종하면서 매매를 실행합니다.

　　투자자들은 흔히 가짜 실적에 현혹되어 뉴스에서 발표되는 실적을 그대로 받아들이기도 합니다. 심지어 실적이 발표되는 순간 진위와 상관없이 그 실적을 모두 이해한 것처럼 착각하기도 합니다.

　　스마트한 실적추종자가 되기 위해선, 발표되는 실적을 액면 그대로 믿는 것이 아니라, 진짜 실적을 추종해야 합니다. 투자자는 기본적으로는 기업의 가장 본원적이고도 경상적 영업활동에서 발생한 영업이익에 주목해야 하지만, 영업이익 수치를 그대로 받아들이면 곤란합니다. 그 이유는 회사마다 회계처리가 다르고 각 회사가 이익 수치를 임의로 조정할 수 있는 여지가 크기 때문입니다. 또한 대개는 현금의 실질적인 유출입이 없는 비현금성 항목의 비중이 크므로 영업이익이 그대로 영업성과의 진실이 될 수 없습니다.

영업현금흐름은 진짜 실적이므로 이를 추종해야 한다

영업성과에 대해 보다 큰 진실을 말해주는 항목이 뭘까요? 그건 바로 영업활동현금흐름입니다. 영업이익과 영업활동현금흐름은 각각 '회계장부 상의 이익'과 '현금 관점에서의 이익'이라는 차이가 있습니다. 영업활동현금흐름은 마치 금고 속의 현금과도 같아서 조정이나 조작이 불가능합니다.

㈜카카오를 예로 들어보죠. 카카오의 2019년도 실적을 보면, 영업이익은 2,068억원이나 당기순순실은 −3,419억원을 기록했습니다. 카카오는 2020년 2월 13일에 2019년도 실적을 발표했는데, 창사 이래 최대 적자로서 실로 충격적인 결과였습니다. 카카오의 주가는 실적발표 이후 큰 하락이 예상되었습니다.

카카오의 2019년도 영업이익은 2,068억원이고 당기순손실은 −3,419억원이므로 영업이익과 당기순손실 간에는 상당한 이격이 있습니다. 과연 영업이익 수치를 믿어야 할지 아니면 당기순손실 수치를 믿어야 할지 난감합니다. 어쨌든 창사이래 최대 당기순손실에 대해서는 충격적인 사실임은 분명합니다.

그럼 당시 주가그래프를 잠시 살펴보겠습니다.

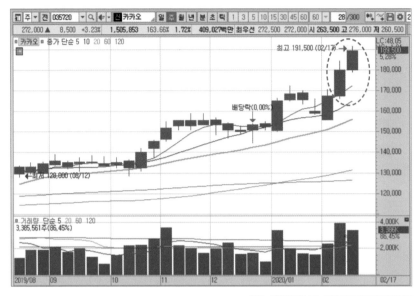

㈜카카오의 주가그래프(주봉)

출처: 키움증권 HTS, ㈜카카오의 키움종합차트

위의 주가그래프를 보면 2020년 2월 13일 실적발표 이후 주가가 급상
승합니다(코로나19로 인해 코스피 지수는 2020년 2월 21일부터 하락하기 시작하
므로, 그 이전은 코로나19의 영향권은 아니라고 볼 수 있습니다).

위의 상황을 어떻게 볼 수 있을까요? 시장이 ㈜카카오의 미래 성장성을
신뢰한다 하더라도 적자기업의 주가가 오히려 급상승한다는 것은 비상식적
입니다. 더 중요한 것은 창사 이래 최대적자에, 그것도 전기 흑자에서 적자
전환 아닌가요?

이와 같은 상황은 진짜 실적에서 그 실마리를 찾아야 합니다. 위에서 영
업이익은 흑자인데 순이익은 적자이면서 이익지표*가 혼선되고 있습니다.

이 경우 가장 신뢰할 수 있는 진짜 실적은 바로 영업활동현금흐름입니다. 영업활동현금흐름은 영업성과의 진실을 말해주는 재무제표 항목입니다. 우리가 언제나 믿고 신뢰할 수 있는 지표가 영업활동현금흐름입니다.

이익지표

기업의 당해 경영성과를 파악하기 위한 영업이익, 당기순이익 등 각종 이익과 이를 활용한 비율을 의미한다

자, 그럼 ㈜카카오의 영업활동현금흐름을 살펴보죠.

㈜카카오의 영업활동현금흐름

(단위: 억원)

	2016년	2017년	2018년	2019년
영업활동현금흐름	3,173	3,719	4,915	7,527
영업으로부터 창출된 현금흐름	3,707	3,623	6,080	8,311
이자의 수취	94	132	359	382
이자의 지급	-91	-34	-115	-114
배당금 수입	7	25	4	53
법인세 납부	-544	-27	-1,413	-1,106

출처: ㈜카카오의 2019년도 사업보고서 상 연결현금흐름표

위의 연도별 영업현금흐름을 살펴보면 2016년부터 추세적으로 상승하고 있습니다. 특히 2019년의 영업현금흐름은 7,527억으로 전기대비 53%로 급증합니다. 다시 말해, 동사의 '영업현금흐름은 장기적 증가 추세이고 2019년도에는 급증한다'로 요약됩니다.

이처럼 영업성과에 대해 보다 큰 진실을 말해주는 영업활동현금흐름을 반드시 확인해야 주가의 향배도 가늠할 수 있습니다.

미국 빅테크 주식의 장기상승 배경에는
영업현금흐름의 성장이 있다

 미국의 빅테크 기업들을 살펴보면, 장기적 주가는 영업활동현금흐름과 맥을 같이함을 알 수 있습니다. 아마존의 경우 2010년부터 현재까지 매년 영업활동현금흐름이 성장했는데, 2010년말 35억달러에서 2019년말 385억 달러로 11배 성장했습니다. 같은 기간의 주가는 2010년말 180달러에서 2019년말 1,848달러로 약 10배 상승했습니다(실적 발표월 기준으로 약 12배).

아마존의 주가그래프(월봉)

출처: 키움증권 Global HTS, 아마존의 재무차트

왼쪽 그림은 아마존의 주가그래프입니다. 주가그래프에서 주가 추이는 장기적으로 영업현금흐름의 추이와 연동됨을 알 수 있습니다. 특히 파란색 점선 부분을 봅시다. 이 구간은 아마존의 주가가 급상승하는 영역입니다. 2018년초의 전후 기간에 PER는 역으로 연동되고 있지만, 영업현금흐름은 분명히 급상승하

엔비디아

3차원 입체 그래픽프로세서(GPU) 및 관련 소프트웨어를 설계, 개발 및 판매하는 미국 나스닥 상장기업이다. GPU는 게임, 인공지능(AI), 클라우드 컴퓨팅, 자율주행 등에 모두 탑재된다

고 있습니다. 영업현금흐름의 급증은 향후 주가에도 커다란 시그널을 준다고 할 수 있습니다.

각 증권사 HTS에서 확인해보면, 구글, 마이크로소프트, 애플, 엔비디아* 등 다른 빅테크 기업도 모두 유사한 패턴을 보인다는 것을 알 수 있습니다. 특히 테슬라는 2018년말부터 영업활동현금흐름이 크게 흑자반전하면서 2019년부터 주가가 급등하기 시작했습니다. 테슬라의 영업흑자반전은 2019년 1분기부터였는데, 영업활동현금흐름은 이미 그 이전 분기부터 흑자반전되었습니다.

이처럼 국내외 모두 장기성장주의 주가상승 원동력은 영업현금흐름의 성장이라는 진짜 실적의 성장에 있다고 해도 과언이 아닙니다.

재무제표 초보자를 위한 꿀팁! ——————

스마트한 투자자는 발표되는 실적을 액면 그대로 믿는 것이 아니라, 진짜 실적을 추종합니다. 미국의 빅테크 기업들의 무한 성장의 배경에는 진짜 실적인 영업현금흐름의 지속 성장이 있었습니다.

흑자전환이면 주가는 오르나요?

주가가 상승하는 흐름을 갖는 종목의 경우 실적의 측면에서 대표적으로 두 가지 유형이 있습니다. 첫 번째 유형은 매출성장을 전제로 장기적으로 영업이익이 성장하는 경우입니다. 이러한 유형을 '장기성장주'라 할 수 있습니다. 두 번째 유형은 영업적자에 허덕이다가 업황 호전이 되면서 매출회복과 함께 실적이 영업흑자로 전환되는 경우입니다. 이를 '턴어라운드 주식'이라 할 수 있습니다.

우선 장기성장주에 대해 잠시 살펴보죠. 장기성장주는 영업이익과 영업활동현금흐름이 지속적으로 성장한다는 전제하에 진짜 실적이 성장하는 종목입니다. 카카오, 네이버 등 플랫폼 기업이 그러한 지속성장주의 예로 언급될 수 있습니다. 카카오의 경우 2018년부터 영업이익이 2배 이상 꾸준히 성장하고 있고 영업활동현금흐름이 그 실적의 진실을 뒷받침해주고 있습니다. 또한 구글, 마이크로소프트, 아마존, 애플 등 미국의 빅테크 기업도 앞서 살펴본 것과 같이 10년 이상의 기간 동안 영업이익과 영업활동현금흐름이 지속적으로 성장하고 있으며 주가도 이에 부응하고 있습니다.

그런데 이러한 장기성장주는 말 그대로 장기적으로 성장하기 때문에 주가가 장기간에 걸쳐 상승하는 패턴을 보일 수 있습니다. 반면에 턴어라운드 기업은 각 분기별로 발표되는 실적에서 영업이익이 턴어라운드를 보여주기 때문에 비교적 단기에 주가가 급등하게 됩니다.

턴어라운드 주식은 비교적 단기에 주가가 급등한다

주식투자자가 야생의 험난한 주식시장에서 비교적 손쉽게 수익률을 얻을 수 있는 방법이 있습니다. 그건 영업실적이 적자에서 흑자로 전환되는 턴어라운드 주식에 투자하는 것입니다. 다만 앞서 강조한 것과 같이 업황이 진정으로 호전되어 진짜 실적이 턴어라운드되어야 합니다.

2020년에 전 세계에 파급된 코로나19로 인해 경기변동에 민감한 기업들의 업황이 나빠져 실적이 급격히 악화되었습니다. 심지어 정상적인 영업활동이 불가능해지면서 항공, 여행 관련 기업들은 생존위협에 직면하기도 했습니다. 이러한 기업들이 코로나19가 완화될수록 점차 정상화되고 실제로 업황이 호전되어 실적 개선이 이루어지기도 합니다.

급격하게 감소했던 매출과 영업실적이 정상화로 인해 회복되면, 나락으로 떨어졌던 주가도 이에 부응해 급등하기도 합니다. 실제로 2020년 4분기부터 경기가 다소 회복되면서 '차화정철(자동차-화학-정유-철강)'에 해당하는 기업의 주가가 큰 상승을 보이기도 했습니다.

현대차의 경우 향후 2020년 3분기 영업적자 이후 당해 4분기에 1조 6,400억원이라는 놀라운 영업흑자를 보임으로써 이에 부응해 주가도 상승했습니다. S-oil도 2020년 3분기 영업적자 이후 유가상승에 따른 영업호전으로 당해 4분기부터 실적이 개선되어 주가도 이에 부응했습니다. 포스코도 2020년 2분기 사상 첫 영업적자를 기록하는 충격을 준 이후 바로 당해 3분기부터 영업흑자 반전에 성공해 2021년 주가급등을 보였습니다.

한편 LG화학, 삼성SDI 등 전기차 배터리 관련 종목들도 그동안 영업적자에 허덕이다가 전기차 배터리분야의 시장성장과 함께 향후 실적 턴어라운드에 대한 시장 기대와 함께 주가가 지속적으로 상승하는 모습을 보여줬습니다.

분기별 영업실적의
턴어라운드를 주목하라

그럼 턴어라운드를 어떻게 확인하는지에 대해 알아보죠. 그 방법은 바로 분기별로 발표되는 영업실적의 전환을 확인하는 것입니다. 중요한 것은 단지 매출, 영업이익 등의 영업이익 지표 이외에도 영업활동현금흐름의 추세를 반드시 뒷받침해 살펴보는 것입니다.

다음은 S-oil의 2020년도 사례입니다.

S-oil 분기실적(연결기준)

(단위: 억원)

	2020년 1분기	2020년 2분기	2020년 3분기	2020년 4분기
매출액	51,984	34,518	38,992	42,803
영업이익	-10,073	-1,643	-93	931
당기순이익	-8,806	-669	303	1,297
영업활동현금흐름	-7,839	13,293	-747	11,602

출처: ㈜S-oil의 2020년도 사업보고서 상 연결재무제표

위 S-oil의 2020년도 분기별 영업이익(붉은색 원부분)을 보면, 1분기부터 3분기까지 영업적자를 면치 못하고 있습니다. 그러나 적자규모를 보면 1분기의 -1조원에서 3분기에 -93억원으로 현격히 감소합니다. 이어 4분기에는 드디어 931억원의 영업흑자 반전에 성공합니다. 즉 실적 턴어라운드에 성공한 것입니다.

그런데 이와 같이 턴어라운드 주식의 실적전환을 살펴볼 때, 반드시 진짜 실적이 개선되었는지를 함께 봐야 합니다. 재무제표에서 여러 가지 항목을 통해 추적할 수 있지만 가장 손쉽고도 확실한 방법이 영업활동현금흐름의 수치를 보는 것입니다.

위 표에서 2020년 3분기의 영업활동현금흐름을 보면 -747억원의 적자인데, 4분기에는 1조 1천억원대의 흑자를 보입니다. 즉 앞서 보았던 영업실적의 턴어라운드가 진짜 실적임을 보여준다고 할 수 있습니다.

자, 이제 그럼 실적 턴어라운드에 성공한 S-oil의 주가는 어떻게 움직이

는지를 살펴보죠. 아래는 S-oil의 2020년도 4분기 실적발표(2021. 1. 29) 이후 주가의 향배를 보여줍니다. 여기서 검은색 화살표가 실적발표가 있었던 해당 주입니다.

S-oil의 주가그래프(주봉)

출처: 키움증권 HTS, S-oil의 주가차트

위의 주가그래프를 보면, 2020년 4분기 실적발표 이후 주가가 상방으로 반응하는 것을 알 수 있습니다. 물론 지속적인 주가상승은 S-oil의 영업실적이 이후에도 계속 향상되는지에 달려 있습니다. 이렇게 영업실적 턴어라운드와 향후 실적기대감 등이 동시에 작용해 주가상승을 견인합니다.

물론 모든 턴어라운드 주식이 위의 S-oil과 같은 주가그래프를 만든다고 단언하는 것은 무리입니다. 주가에 영향을 주는 외부와 내부 요인은 다양하지만 무엇보다도 영업실적의 진정한 턴어라운드는 향후 주가상승의 원동력이 되는 것은 분명합니다. 이와 같은 실적 턴어라운드를 확인하기 위해선 분기별로 발표되는 영업실적의 전환을 확인하면서 영업활동현금흐름의 변화를 함께 살펴봐야 합니다.

재무제표 초보자를 위한 꿀팁!

영업실적이 적자에서 흑자로 전환되는 턴어라운드 종목은 좋은 투자종목임은 분명합니다. 그렇지만 가짜 흑자가 난무하니 조심해야 합니다. 반드시 이익의 흑자전환과 함께 영업현금흐름의 증가를 함께 살펴봐야 합니다.

잉여현금흐름은
도대체 뭔가요?

여러분은 이익지표보다 진짜 실적으로서의 영업현금흐름이 중요하다는 사실을 알고 있습니다. 그런데 기업은 영업활동으로 현금을 창출하는 것도 중요하지만 미래에 대한 투자도 게을리해서는 안 됩니다. 미래에 대한 투자를 충실히 수행하고도 영업활동을 통해 충분한 현금을 창출하고 있다면, 그 기업의 역량과 가치는 높이 평가받아야 합니다.

영업실적뿐만 아니라 미래를 위한 먹거리(?)를 확보하기 위한 끊임없는 투자 노력을 함께 보여주는 지표가 바로 '잉여현금흐름'입니다. 잉여현금흐름이 강건하면 그 기업의 가치는 강건하고, 잉여현금흐름이 폭증하면 그 기업의 가치도 재평가받을 수밖에 없습니다. 잉여현금흐름은 주식투자자에게 매우 중요한 정보임에도, 지금까지 간과되어온 것은 분명합니다.

잉여현금흐름은 미래를 위한 투자를 수행하고도 남은 현금을 보여주는 영업능력이다

잉여현금흐름(FCF, Free cash flow)은 다소 어려운 개념입니다. 왜냐하면 최초에 이론적 가치평가모형에서 출발했기 때문입니다. 그렇지만 그 속에는 엄청난 비밀이 숨겨져 있습니다. 잉여현금흐름을 깊게 분석할 수 있다면 기업의 진면목과 마주할 수도 있습니다.

잉여현금흐름은 무엇일까요? 잉여현금흐름은 한마디로 '기업의 본원적 생산 및 판매활동을 통해 현금을 창출하고 영업자산에 투자하고도 남은 현금'을 의미합니다. 잉여현금흐름은 정확히는 '영업활동현금흐름 - 영업에 대한 투자'로 정의할 수 있습니다.

여기서 '영업활동현금흐름'은 명확하나, '영업에 대한 투자*'는 이론적 혹은 실무적 방법에 따라 달리 정의되고 있습니다. 영업에 대한 투자는 알기 쉽게 말하면 유(무)형자산 순취득(취득액-처분액)분을 의미합니다. 방법에 따라 투자지분증권 등의 금융자산은 영업에 대한 투자에 포함시키기도 하고, 그렇지 않기도 합니다.

'영업에 대한 투자'는 현금흐름표 상의 '투자활동현금흐름'과 자산의 순취득분이라는 관점에서 다소 유사한 개념이라 할 수 있습니다. 큰 차이점은 투자활동현금흐름은 영업자산에 대한 투자뿐만 아니라 비영업자산(정확히는 재무자산*)에 대한 투자를 포함하고 있기 때문입

영업에 대한 투자

영업활동에 사용될 유·무형자산의 순취득액(취득액-처분액)을 말한다

재무자산

영업활동에 필요하지 않은 여유현금을 금융상품 등에 투자한 자산을 말한다

니다. 개념적으로는 '투자활동현금흐름'과 '영업에 대한 투자'는 다르다는 것을 알고 있어야 합니다. 다만 투자자로서는 영업에 대한 투자를 빠르게 참고하기 위해서는 현금흐름표의 투자활동현금흐름을 보는 것이 유용합니다.

잉여현금흐름(FCF)의 개념은 이 정도로만 이해하기로 하고, 증권사 HTS, 네이버 금융, 회사의 IR실적발표, 각종 애널리스트 리포트 등에서 잉여현금흐름 수치를 제공하기도 하니 이러한 수치를 참고하면 되겠습니다. 기업이 자체적으로 IR 실적발표를 할때 분기별 혹은 연별 잉여현금흐름 수치를 제공하기도 하니, 이러한 정보를 확인하면 큰 도움이 됩니다.

재무제표 초보자를 위한 꿀팁!

잉여현금흐름은 한마디로 '기업의 본원적 영업활동을 통해 현금을 창출하고, 영업자산에 투자하고도 남은 현금'입니다. 이는 미래의 먹거리를 위한 투자를 하고도 남은 돈을 의미합니다.

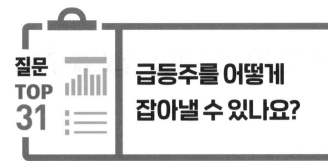

질문
TOP
31

급등주를 어떻게
잡아낼 수 있나요?

▶ 저자직강 동영상 강의로 이해 쑥쑥
QR코드를 스캔하셔서 동영상 강의를 보시고
이 칼럼을 읽으시면 훨씬 이해가 잘됩니다!

잉여현금흐름은 영업활동현금흐름뿐만 아니라 영업에 대한 투자지출을 반영하므로, 대규모의 투자지출이 이루어진 이후 기간부터 잉여현금흐름이 급증하는 경우가 많으니 이를 주목해야 합니다.

즉 신사업, 설비 등에 대한 대규모 투자지출이 발생하는 경우, 해당 지출이 이루어진 시기에는 과도한 투자지출로 일시적으로 잉여현금흐름이 크게 악화될 수 있습니다. 이렇게 잉여현금흐름이 급감한 이후 영업효과가 확연히 나타난다면, 그 이후 기간부터는 잉여현금흐름이 영업현금흐름과 동시에 급증할 수 있습니다. 이렇게 잉여현금흐름의 급증 시기를 잘 포착하면 급등주를 발굴할 수 있습니다.

다음은 키움증권 HTS에서 제공하는 잉여현금흐름의 수치입니다.

㈜카카오의 잉여현금흐름

(단위: 억원)

IFRS 연결	2017/12	2018/12	2019/12
FCF			
총현금흐름 ❓	2,648	1,439	5,206
세후영업이익 ❓	1,350	89	3,018
유무형자산상각비 ❓	1,298	1,350	2,188
총투자 ❓	-2,495	2,244	-3,688
FCFF ❓	5,142	-805	8,894

출처: 키움증권 HTS, ㈜카카오의 기업분석)투자지표

위의 표를 보면, 2019년 잉여현금흐름은 8,892억원입니다. 2018년 -805억원의 적자상황에서 탈피해 크게 급증함을 알 수 있습니다. 참고로 카카오는 2019년에 창사 이래 최대규모의 당기순손실(-3,419억원)을 기록했지만, 당해 잉여현금흐름은 역으로 급증한 것입니다.

잉여현금흐름의 급증내역을 보다 정확히 파악하기 위해서는 현금흐름표 상의 영업현금흐름과 투자활동현금흐름을 확인하면 편리합니다. ㈜카카

㈜카카오의 영업현금흐름

(단위: 억원)

	2015년	2016년	2017년	2018년	2019년
영업현금흐름	1,622	3,172	3,719	4,915	7,527
투자현금흐름	4,142	10,000	-3,547	-12,607	-4,124

출처: ㈜카카오의 2015~2019년도 사업보고서 중 연결현금흐름표

오의 2019년 연간보고서 상의 현금흐름표 중 영업현금흐름과 투자활동현금흐름을 살펴보도록 하죠.

앞의 연도별 영업현금흐름을 보면 2018년 4,915억원에서 2019년 7,527억원으로 1.5배 이상 급증했습니다. 즉 2019년도의 영업활동의 성과가 훌륭했다고 볼 수 있습니다. 한편 2018년 투자활동현금흐름이 -1조 2,607억원으로 자산의 순취득이 엄청났음을 알 수 있습니다. 물론 영업에 대한 투자와 투자활동현금흐름은 동일한 금액이 아닙니다. 다만 투자자로서는 기업의 투자규모를 손쉽게 가늠하기 위해 투자활동현금흐름을 보는 것이 매우 유용합니다.

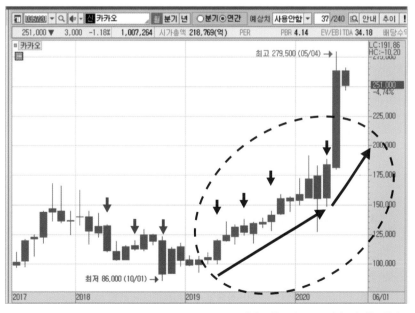

㈜카카오의 주가그래프(월봉)

출처: 키움증권 HTS, ㈜카카오의 키움종합차트

어쨌든 2018년도에 엄청난 자산투자가 있었고, 2019년부터 영업성과가 나오면서 영업현금흐름과 잉여현금흐름이 동시에 급증했음을 추론할 수 있습니다.

이렇게 과거의 대규모 투자로 인한 성과로 인해 차기 이후 잉여현금흐름이 급증하면 주가에 어떤 일이 일어나는지를 확인해봅시다. 앞의 그래프는 2019년도 분기별 실적발표 시즌(↓표시) 및 주가변화를 보여줍니다.

2019년 동안 매 분기별 실적발표와 더불어, 영업현금흐름 및 잉여현금흐름의 급증이 동반되면서 주가도 급등하게 됩니다. 2019년도 ㈜카카오의 당기순이익은 -3,419억원으로 창사 이래 최대 적자였습니다. 그럼에도 엄청난 잉여현금흐름의 급증과 함께 카카오의 주가도 급등했습니다.

정리하면, 유(무)형자산에 대한 대규모 투자지출이 발생하는 경우, 그 시기에는 일시적으로 잉여현금흐름이 악화될 수 있습니다. 그러나 그 이후부터 분기실적에 주목해 영업활동현금흐름의 급증 시기를 포착하면 급등주를 발굴할 수 있습니다. 대규모 투자지출 이후 영업활동현금흐름의 급증은 기업의 영업능력이 한단계 업그레이드됨을 의미하고, 이로 인해 기업의 가치는 재평가되기 때문입니다.

 재무제표 초보자를 위한 꿀팁!

기업은 당장의 영업실적도 중요하지만 미래의 먹거리를 위한 투자를 게을리 해서는 안 됩니다. 투자지출을 감행하면 당장은 잉여현금흐름이 악화되지만, 투자에 성공한다면 미래 잉여현금흐름이 폭증할 수 있습니다. 즉 급등 시그널입니다.

단 10초만 할애해도 영업적자인 기업을 피해갈 수 있다. 이를 피했다 해도 흑자전환이라는 위장된 가짜 실적에 속고, 장밋빛 전망에 현혹되어 부실기업에 투자했다가는 큰 낭패를 보기 십상이다. 4장에서는 주식투자자들이 현혹되지 말아야 할 나쁜 기업을 재무제표를 통해 미연에 알아내는 방법을 살펴본다.

4장

나쁜 기업을
피해가고 싶어요

적자인 기업을
10초 만에 확인할 수 있나요?

영업적자인 기업은 프로투자자가 아니라면 가능한 한 손대지 않는 것이 좋습니다. 무엇보다 투자에 앞서 재무제표를 본다면 영업적자 여부를 확인하는 것이 가장 우선입니다. 거창하게 재무제표를 본다고 생각할 것도 없습니다. 영업적자 여부는 10초면 확인 가능한데, 무조건 영업적자 여부부터 먼저 확인해야 합니다.

기업의 실적은 분기별로 그리고 연별로 발표되고 공시됩니다. 그러므로 가장 최근 분기의 영업이익과 순이익이 적자인지를 확인하는 것이 필요합니다. 이미 발표된 실적뿐만 아니라 최근 애널리스트들의 컨센서스 또한 반드시 확인해야 합니다.

애널리스트들은 산업현장에 들어가서 소위 기업탐방을 거치며 이익을 추정하고 분석합니다. 이들이 발표하는 애널리스트 리포트에는 그 누구보다도 훌륭한 이익 추정치가 들어 있는 것입니다. 애널리스트 컨센서스는 해당 기업을 담당하는 각 증권사 애널리스트들의 예측치를 평균한 것입니다. 애널리스트 리포트가 발간될 때마다 컨센서스는 실시간으로 그 수치가 달라집니다. 한편 실적 발표시즌이 다가올수록 그 예측치도 상당히 실제치에 근접해집니다.

증권사 HTS나
네이버금융을 본다

여러분이 사용하는 증권사 HTS를 열거나, 네이버 금융으로 가서 해당 종목을 검색하면 실적을 바로 확인할 수 있습니다. 증권사 HTS와 네이버 금융에서는 손익계산서 등 재무제표가 분기별 또는 연별로 제공됩니다. 해당 분기나 연도의 손익계산서를 보면 영업이익과 당기순이익이 흑자인지 적자인지 바로 알 수 있습니다. 과거 몇 년 동안 혹은 몇 분기 동안 이러한 이익수치가 제공되기 때문에 지속적인 적자인지 아니면 일시적인 적자인지도 바로 알 수 있습니다.

이와 같이 증권사 HTS와 네이버 금융을 통해 해당 분기나 연도의 영업이익과 당기순이익이 흑자인지 아니면 적자인지 알 수 있습니다. 뿐만 아니라 각 증권사 애널리스트들이 다음 분기나 연도의 영업이익과 당기순이익에 대해 예측한 값을 평균한 컨센서스를 알 수 있습니다. 이를 통해 향후 흑자 또는 적자 여부를 가늠할 수 있습니다.

S-oil의 분기별 실적

IFRS (연결)	분기		2020/09	2020/12	2021/03	2021/06(E)	2021/09(E)	2021/12(E)
매출액			38,992	42,803	53,448	60,957	63,408	64,183
전년동기대비		(%)	-37.46	-33.91	2.82	76.59	62.62	49.95
컨센서스대비		(%)	-9.10	3.02	-0.13	-	-	-
영업이익			-93	817	6,292	4,451	4,398	4,213
전년동기대비		(%)	적전	760.00	흑전	흑전	흑전	415.67
컨센서스대비		(%)	적전	15.41	84.60	-	-	-
당기순이익			303	1,211	3,447	3,186	3,141	2,878
전년동기대비		(%)	-41.28	153.88	흑전	흑전	936.59	137.63
컨센서스대비		(%)	-59.77	36.53	54.39	-	-	-

출처: 키움증권 HTS, S-oil 검색〉 기업분석〉 컨센서스

　　위 표는 키움증권 HTS에서 제공되는 S-oil의 분기별 실적 자료입니다. 자료를 보면 2020년 3분기(9월)에 영업이익이 -93억원으로 적자임을 알 수 있습니다. 그 이후 분기부터 S-oil은 턴어라운드에 성공해 후속 분기부터는 흑자의 성과를 내고 있습니다.

　　기업이 영업적자에서 흑자로 반전하면 주가는 흔히 급등하는 경우가 많습니다. 물론 이때는 필자의 말대로 영업현금흐름이 뒷받침되는지를 확인해서 진짜 실적의 전환인지를 체크하는 것이 중요합니다.

　　위에서 주목할 점은 2021년 6월(2분기)은 시장 컨센서스 자료(2021년 7월초 예측)인데 4,451억원의 영업흑자를 예상하고 있다는 점입니다. 투자자는 무엇보다 시장 컨센서스 수치에 주목해야 합니다. 참고로 이 수치에 부합하거나 뛰어넘으면 주가는 긍정적으로 반응합니다. 물론 이러한 반응은 상황마다 기업마다 다르니 함부로 속단할 수는 없습니다.

S-oil의 연도별 실적

IFRS (연결) | 연간		2018/12	2019/12	2020/12	2021/12(E)	2022/12(E)	2023/12(E)
매출액		254,633	243,942	168,297	242,899	255,164	253,958
전년동기대비	(%)	21.88	-4.20	-31.01	44.33	5.05	-0.47
컨센서스대비	(%)	1.49	0.97	0.75	-	-	-
영업이익		6,395	4,201	-10,991	19,200	17,610	16,331
전년동기대비	(%)	-53.43	-34.31	적전	흑전	-8.28	-7.26
컨센서스대비	(%)	-29.75	-29.50	적지	-	-	-
당기순이익		2,580	654	-7,961	12,296	11,539	11,030
전년동기대비	(%)	-79.30	-74.65	적전	흑전	-6.16	-4.41
컨센서스대비	(%)	-58.97	-65.33	적지	-	-	-

출처: 키움증권 HTS, S-oil 검색〉기업분석〉컨센서스

위 표는 S-oil의 연별 실적 자료입니다. 동 자료를 보면 2020년도에는 −10,991억원의 영업적자를 보였다는 것을 알 수 있습니다. 그렇지만 2021년 1분기 실제 실적을 포함한 시장의 컨센서스는, 2021년도에는 19,200억원의 영업흑자를 예상(2021년 7월초 예측)하고 있습니다. 동 예상 실적은 2021년 연말이 가까워질수록 실제치에 가까워질 것이고, 2022년초 실적발표시즌에 가면 점점 더 실제치에 부합될 가능성이 큽니다.

이때 실제 실적이 시장 컨센서스를 크게 넘으면 이를 '어닝 서프라이즈*(Earning surprise)'라 하고, 크게 미달하면 '어닝 쇼크*(Earning shock)'라 합니다. 주가 반응은 실제 실적과 시장 컨센서스를 비교하며 일어납니다.

어닝서프라이즈

애널리스트들이 예상하는 매출과 이익의 기대치를 훨씬 넘어서는 깜짝실적을 말한다

어닝쇼크

애널리스트들이 예상하는 매출과 이익의 기대치를 미달하는 실망스런 실적을 말한다

주가는 대개 기업의 발표실적이 시장 컨센서스 수치를 부합하거나 뛰어넘으면 긍정적으로 반응을 하고, 그렇지 않은 경우 부정적으로 반응합니다. 그러나 주가에 이미 그러한 실적예상치가 충분히 반영되어왔다면 시장은 무반응하거나 예상과는 달리 반응하기도 합니다. 이러한 시장 반응은 상황마다 기업마다 다르니 함부로 속단할 수는 없습니다. 다만 단기적인 시장반응과 달리, 시장참여자의 집단지성은 장기적으로는 주가에 기업의 실적을 담아냅니다.

 재무제표 초보자를 위한 꿀팁!

여러분이 사용하는 증권사 HTS를 열거나, 네이버 금융으로 가서 해당 종목을 검색해 분기별 영업이익과 순이익부터 바로 확인합시다. 시장 컨센서스 자료도 제공되니 이도 함께 봐야 합니다.

나쁜 기업을 피해가려면
어느 부분을 체크해야 하나요?

우선 영업이익 지표를 봐야 합니다. 첫째는 영업이익의 분기별 추세를 봅니다. 둘째, 분기별 영업적자를 확인합니다. 마지막으로 영업현금흐름이 영업이익과 동일한 방향인지를 봅니다. 이와 같이 가장 기본적이고도 중요한 영업이익 지표를 체크한 이후 회사의 영업현금흐름 역시 좋지 않다면 투자를 피해도 나쁘지 않습니다.

우리가 어떤 주식을 선택해 투자한다는 것은 가장 마음에 드는 기업에 투자한다는 것을 의미합니다. 따라서 이들 기업은 우선적으로 영업이익 지표가 눈에 들어와야 합니다. 그런데 영업이익 지표가 나쁘고 영업현금흐름도 나쁜 영업이익을 뒷받침한다면 굳이 그러한 주식에 투자할 이유는 없습니다.

영업이익이 감소하는 추세거나
영업적자가 지속된다면 일단 피한다

기업의 가장 본원적인 활동은 영업활동입니다. 기업의 영업활동의 결과물은 영업이익으로 나타납니다. 물론 이러한 결과물에는 매출액과 당기순이익도 당연히 포함됩니다. 기업의 영업활동 실적은 분기별로 발표되는 재무제표를 통해 확인이 가능합니다. 분기별로 발표되는 영업이익 지표는 다음과 같이 체크합니다.

첫째, 영업이익의 분기별 추세를 봅니다. 기업의 영업활동은 시간에 따라 계속 진행되고 있으므로, 분기별로 끊어서 그 추세를 살펴보는 것입니다. 지난 분기보다 지속적으로 영업이익이 나빠지고 있다면 전반적인 경기상황이 안 좋다 하더라도 좋은 징후는 아닙니다. 한편 어떤 산업의 경우는 계절적 특성이 있습니다. 예를 들어 겨울에는 학생들의 겨울방학 특수로 컴퓨터가 잘 팔리는 것 등입니다. 그러므로 현 분기의 영업이익을 작년의 동일 분기의 영업이익과 비교를 해봐야 합니다. 올해 2분기 영업이익이 100억원인데 작년 2분기 영업이익이 200억원이었다면 좋지 않다고 봐야 합니다.

둘째, 분기별 영업적자가 발생하거나 지난 분기 이후 연속으로 적자인 경우 문제가 있는 기업으로 보면 됩니다. 가끔 테마군에 편성되어 소위 '묻지마 투자*'에 묻혀서 투자자들이 실적은 아예 신경을 쓰지 않는 경우가 있습니다. 당장 해당 테마주를 사려는 사람이 많다 보니 단기적인 매수 타이밍을 노리느라 실적은 미처 생각지도 못합니다.

묻지마 투자

기업에 대한 소문이나 뉴스 또는 남의 말만 믿고 주변 분위기에 편승해 무조건적으로 주식을 사고 보는 행위를 일컫는다

영업이익 지표가 나쁘지 않더라도
네 가지는 체크한다

영업이익 지표를 통해 우선적으로 나쁜 기업을 피했다 하더라도, 다양한 양상을 확인해서 감춰진 나쁜 기업을 선별해내야 합니다. 영업이익 지표가 혼란된 경우도 있고, 가짜 실적으로 위장된 경우도 있고, 기업이 위험에 처해 있을 경우도 있습니다.

특히 다음의 네 가지를 체크해볼 수 있습니다. 첫째는 영업흑자이지만 영업활동현금흐름이 좋지 않은 경우입니다. 코스닥 기업의 경우는 4개년 연속으로 영업적자를 보이면 관리종목으로 지정되고, 5개년 연속 적자이면 상장폐지를 당하기도 하는데, 이러한 영업적자를 탈피하기 위해 장부 상의 흑자를 만들 수도 있습니다. 이런 경우를 위해서 반드시 영업활동현금흐름이 함께 호전되는지를 봐야 합니다. 이는 다음 장에서 좀더 자세히 살펴보겠습니다.

둘째, 운전자본, 즉 매출채권과 재고자산이 급증하는 경우입니다. 매출채권이 급증한다는 것은 외상매출이 급증하면서 판매대금의 회수가 안 되는 것입니다. 재고자산이 급증할 경우 회사가 의도적으로 재고를 비축할 수도 있겠지만, 많은 경우는 회사의 물건이 안 팔린다는 것을 의미합니다. 더 중요한 것은 재고자산이 급증하면 매출원가가 급감해 자동적으로 영업이익과 당기순이익이 급증한다는 사실입니다. 그러므로 재고자산이 급증해 이익이 좋아졌다면 이익수치는 신뢰할 것이 전혀 못 됩니다.

셋째, 대규모의 유상증자를 감행하거나 사채를 발행하는 경우입니다. 유상증자와 사채발행의 경우 그 이유와 조건을 살펴봐야 합니다. 두 경우 모두 기업이 설비투자나 영업확대 목적으로 수행한다면 물론 긍정적 시그널이 될 수 있습니다. 그러나 단순 운영자금이 필요하거나 단기 차입금을 상환하는 등 급전이 필요한 경우는 위험합니다. 이는 다음 장에서 보다 자세히 살펴보기로 합니다.

강조사항

감사의견에는 영향을 미치지 않지만, 감사인(공인회계사)이 판단하기에 투자자 등 재무제표 이용자가 주의를 기울일 필요가 있는 사항이다

마지막으로 테마주의 경우는 투자하기 전에 사업보고서에 첨부된 감사보고서를 봐야 합니다. 대부분의 투자자는 당장 테마주를 제 타이밍에 사기 위해 촌각을 다투다 보니 실적은 미처 생각지도 못합니다. 테마주를 매수하기 이전에 딱 한 가지만 살펴보면 됩니다. DART를 열어 최근 감사보고서를 다운받은 후, 감사보고서 중에 감사의견이나 강조사항* 등을 확인합니다. 여기에 '계속기업 관련 중요한 불확실성'이 보인다면 무조건 투자를 피해 당장 도망가야 합니다.

재무제표 초보자를 위한 꿀팁!

영업이익이 감소하는 추세거나 영업적자가 지속된다면 일단 피해야 합니다. 나쁜 기업을 피했다고 하더라도, 가짜 실적으로 위장된 경우도 많으니 네 가지를 체크해야 합니다.

영업현금흐름은 안 좋은데 이익은 증가하면 어떤가요?

　투자자들이 기업의 실적에 관심이 많고, 실제 실적이 좋지 않으면 주식을 외면하기 때문에 경영자는 기업실적이 좋지 않다면 이익수치를 조정하려는 동기가 강해집니다.

　특히 상장기업은 영업적자가 수년간 지속되면 관리종목으로 지정되거나 상장폐지가 될 위험이 커집니다. 회사가 이러한 불상사를 막기 위해 영업이익과 당기순이익을 임의로 조정하면 영업적자에서 장부 상의 영업흑자로 전환시킬 수 있습니다. 그러나 영업현금흐름은 마치 금고 속의 현금과도 같아서 임의로 조정이 불가능합니다. 따라서 실제로 영업실적이 좋은지 또는 경영자의 이익조정이 이루어졌는지를 유추하기 위해서는 반드시 영업현금흐름이 함께 호전되는지를 봐야 합니다.

이익의 호전은 반드시
영업현금흐름의 개선이 뒤따라야 한다

아래 XXX사는 2018년과 2019년 모두 영업이익과 당기순이익에서 흑자를 보여줍니다. 뿐만 아니라 2019년 매출, 영업이익 그리고 당기순이익 모두 2018년에 비해 큰 증가를 보여줍니다. 언뜻 손익계산서 상 정보만 보면 동사의 이익지표는 매우 좋아 보입니다.

XXX사의 영업이익과 영업현금흐름

(단위: 원)

	2018년	2019년
매출액	2,669,931,350,749	3,605,644,015,670
영업이익	361,633,241,425	558,977,519,864
영업이익성장률		54.6%
당기순이익	232,911,621,323	408,847,437,502

(단위: 원)

	2018년	2019년
영업활동현금흐름	(1,417,708,585,008)	(2,914,536,859,734)
영업활동현금흐름 성장(감소)률		-105.6%

출처: XXX사의 2019년도 사업보고서 상 연결재무제표

이제 영업이익과 영업현금흐름을 비교해보죠. 2019년도 영업이익을 보면, 전년도보다 54.6% 성장하면서 훌륭한 영업이익 실적을 보여줍니다. 그런데 동사의 영업현금흐름을 보면 2018년 이후 지속적으로 적자임과 동시

에 2019년에는 지난해보다 −105.6% 감소하면서 상황이 좋지 않음을 보여줍니다. 실제로 동사의 주가는 2019년도 내내 떨어져서 결국 반토막이 났습니다.

물론 영업이익 지표는 좋은데, 영업현금흐름이 나쁘다고 해서 모두가 가짜 실적이라고 단정지어서는 안 됩니다. 다만 영업현금흐름이 영업이익과 동일한 방향에서 움직일 때 영업이익 수치를 보다 신뢰할 수 있는 것은 분명합니다. 특히 영업이익과 당기순이익이 큰 폭으로 증가했는데 영업현금흐름이 큰 폭으로 감소한다면 그만큼 이익 수치를 신뢰할 수 없습니다.

재무제표 초보자를 위한 꿀팁!

상장기업은 영업적자가 수년간 지속되면 관리종목으로 지정되거나 상장폐지가 될 위험이 큽니다. 이익을 임의로 조정하게 되면 적자에서 장부 상의 흑자로 전환시킬 수 있습니다. 반드시 영업현금흐름이 함께 호전되는지를 봐야 합니다.

질문 TOP 35

영업현금흐름은 좋은데 영업적자라면 어떤가요?

손익계산서 상 영업적자인데 영업현금흐름이 좋은 경우는 나쁜 기업이니 무조건 피해야 할 기업이 아닙니다. 오히려 그렇게 오인될 수 있을 뿐, 투자자는 보다 관심을 가질 기업으로 봐야 합니다.

손익계산서 작성시에 IFRS*기업회계기준에 따르며, 각 회사가 그들만의 회계정책과 방침에 따라 이익을 인식합니다.

그런데 IFRS는 회계원칙의 적용에 있어 회사의 해석을 존중하기 때문에 회사는 어느 정도 수준에서 이익을 조정할 수 있습니다. 만약 회사가 보수적인 회계원칙을 적용하게 되면, 이익수준이 실제보다 나쁘게 기록될 수 있습니

IFRS

기업의 회계처리와 재무제표에 대한 국제적 통일성을 높이기 위해 국제회계기준위원회에서 마련해 공표하는 국제회계기준이다

다. 즉 사업은 그 정도로 나쁘지 않았고 현금의 순유출이 많지 않으면 영업현금흐름은 괜찮을 수 있습니다.

많은 투자자들이 영업현금흐름을 복잡하게 생각하는데 개념 자체는 어렵지 않습니다. 영업을 통해 돈을 버는 행위와 돈을 지불하는 행위의 기본 구조는 사실상 손익계산서와 동일합니다. 다만 손익계산서는 돈을 벌고 지불하는 시점이 일종의 '행위' 기준이고, 현금흐름표는 실제 '현금의 유입과 유출' 기준입니다.

예를 들어, 외상으로 물건을 판매할 때 회사는 외상매출액만큼의 손익계산서 상 수익을 기록합니다. 반면 외상매출금이 현금으로 회수되면 그때 영업활동현금흐름상 현금유입이 기록됩니다.

이익에서 현금관련 조정을 통해 영업현금흐름을 산출한다

이익과 영업현금흐름 간에는 당연히 금액 상의 차이가 있는데, 통상 당기순이익에서 출발해 현금관련 조정을 하면서 영업활동현금흐름을 산출합니다. 물론 이렇게 산출된 영업현금흐름은 기업의 현금 등과 대조해 정확히 일치해야 합니다.

좀 어려운 얘기지만, 잠시 그 과정을 가벼운 마음으로 살펴보기로 하죠. 손익계산서 상 수익과 비용은 현금지출이 수반되는지 아니면 그렇지 않은지에 따라 '현금성 수익·비용'과 '비현금성 수익·비용'으로 구분할 수 있습니다. 손익계산서의 당기순이익에서 출발해 비현금성 수익·비용 등을 제거

하고 운전자본 등의 변동액을 조정한 이후 비영업활동(정확히는 투자와 재무활동) 관련 수익·비용을 조정해 영업활동현금흐름을 산정하게 됩니다.

자산평가이익

각종 자산은 사업년도 말에 공정가치로 평가를 하게 되는데, 이러한 평가에 따른 이익을 의미한다

한편 실무적으로 사업보고서 상에서는 '법인세비용차감전순이익'에서 출발해 '비현금성 수익·비용'을 조정하고 '운전자본 등의 변동액'과 '투자활동 및 재무활동 관련 수익·비용'을 조정해 '영업으로부터 창출된 현금'을 도출합니다. 이후 '영업으로부터 창출된 현금'

당기순이익과 영업활동현금흐름

당기순이익
− 비현금성 수익 (현금유입이 없는 수익)
− 각종 자산평가이익*
+ 비현금성 비용 (현금유출이 없는 비용)
+ 감가상각비(유형자산)
+ 무형자산상각비
+ 유(무)형자산손상차손
+ 퇴직급여
± 영업활동으로 인한 자산·부채(운전자본 등)의 변동
+ 매출채권감소액
+ 재고자산감소액
− 매입채무증가액
± 투자활동 및 재무활동 관련 조정
± 이자 등 조정 (손익계산서상 금액을 실제 현금액으로 조정)
영업활동현금흐름

에서 실제이자, 배당금수입, 법인세납부 등을 가감해 영업활동현금흐름을 보여줍니다(통상 재무제표의 주석을 통해 '영업으로부터 창출된 현금'의 산출 과정이 제시됩니다).

앞 페이지 표는 손익계산서의 당기순이익에서 출발해 영업활동현금흐름을 산정하는 과정을 개괄적으로 보여줍니다.

당기순이익과 영업현금흐름은 어느 정도의 시차는 있지만 같은 방향으로 움직입니다. 그러나 양자 간의 차이를 발생시키는 주요 항목은 크게 두 가지입니다. 여기서는 당기순이익보다 영업현금흐름이 큰 일반적인 경우를 상정합니다.

첫째, 앞의 표에서 보이는 비현금성 수익과 비현금성 비용 때문입니다. 비현금성 수익은 현금유입이 없는 수익을 말하고, 비현금성 비용은 현금유출이 없는 비용을 말합니다. 쉽게 말하면 수익과 비용은 맞는데 현금유출입이 없는 경우입니다.

감가상각비 등 비현금성(현금지출이 없는) 비용 때문에 이익보다 영업현금흐름이 큽니다. 또한 유형자산 또는 무형자산의 손상차손이라는 장부 상의 손실을 인식하게 되면 현금유출이 없기 때문에 이익보다 영업현금흐름이 커집니다.

둘째는 앞의 표에서 영업활동으로 인한 자산·부채 즉 운전자본 등의 변동 때문입니다. 좀 어려운 표현이지만 주로 매출채권, 재고자산, 매입채무를 말합니다. 매출채권이 줄어들면 현금유입이 늘어난 것이므로 이익보다 영업현금흐름이 커집니다. 또한 재고자산이 줄어들면 매출원가가 커지고 이익이 줄어드는데 그만큼 영업현금흐름이 큽니다.

비현금성 비용과
재고자산 변동에 주목한다

기타 여러 가지 조정항목이 있지만, 앞의 절차가 있다는 것 정도만 생각하죠. 다만 이익보다 영업현금흐름을 크게 만드는 가장 대표적인 경우인 '유형자산 및 무형자산 손상차손 등 비현금성 비용이 큰 경우'와 '매출채권과 재고자산이 줄어들어든 경우' 정도를 기억하면 됩니다.

다음은 현대자동차의 2020년 3분기 사례입니다. 당시 동사는 −3,138억원의 영업손실을 기록해 시장에 실적에 대한 쇼크를 주었습니다. 그런데 그 내막을 자세히 살펴보면 다소 다른 결론이 나옵니다.

현대차의 분기 현금조정

(단위: 억원)

	2020년 3분기
영업이익	-3,138
+비현금조정	
감가상각비	7,029
판매보증충당금	26,591
+운전자본변동	
매출채권 감소	-5,422
재고자산 감소	3,815
매입채무 증가	12,733
영업활동현금흐름	14,986

출처: 현대자동차의 2020년도 3분기 분기보고서 상 연결재무제표 주석

앞의 표는 영업이익에서 영업현금흐름을 도출하는 과정에서 비현금조정과 운전자본변동 내역을 보여줍니다.

첫 번째로 영업현금흐름을 산정하기 위해 비현금조정 중 판매보증충당금에 2조원 이상의 금액을 더한 내역(붉은색 원부분)이 보입니다. 이는 주로 현대차가 세타2, GDI 엔진 등과 관련해 향후 발생할 가능성이 있는 품질보증 비용을 미리 손익계산서에 반영한 것과 관련된 것입니다. 실제로 당장의 현금유출은 없었으므로 영업현금흐름을 구하기 위해서 더한 것입니다.

두 번째로 운전자본조정 중 재고자산 감소 부분으로 3,815억원의 금액을 영업현금흐름을 산정하기 위해 더한 내역(푸른색 원부분)이 보입니다. 판매활동 등이 활발히 일어나서 재고자산이 감소하면 그만큼을 영업현금흐름을 산정할 때 더하게 됩니다.

물론 이외에도 다양한 현금조정내역이 있지만, 위의 두 가지 현금관련 조정금액은 영업이익과 영업현금흐름 간의 큰 차이를 만들고 있음을 알 수 있습니다.

앞의 예와 같이 현대자동차는 2020년 3분기에 엄청난 규모의 영업적자를 기록했지만, 그 내막을 잘 살펴보면 현금유출이 없는 비용의 규모가 커서 영업현금흐름은 오히려 견실하고 훌륭합니다. 실제로 현대자동차는 2020년 3분기 실적발표 이후 주가가 우상향하는 견고한 모습을 보여줍니다.

정리하면, 손익계산서 상 영업적자인데 영업현금흐름이 좋은 경우는 나쁜 기업으로 오인될 수 있을 뿐, 투자자는 보다 관심을 가질 기업으로 봐야 합니다. 특히 영업적자의 규모에 비해 영업현금흐름의 상태가 매우 좋은 경우는 단지 기업이 보수적 회계처리를 적용했기 때문에 일시적으로 이익수치가 나빠진 경우라 할 수 있습니다. 만약 다른 기업이 그러한 보수적 회계 처리를 적용하지 않았다면 이익수치가 얼마나 달라졌을지를 생각해보면 좀 더 이해가 쉽습니다. 이런 경우는 발표되는 이익수치가 일단 나쁘기 때문에 단기적으로 주가에는 부정적일 수 있습니다. 그렇지만 시장의 집단지성은 장기적으로는 주가에 기업의 진짜 실적을 담아냅니다. 그러므로 주식투자 자는 이러한 상황에 보다 관심을 가질 필요가 있습니다.

재무제표 초보자를 위한 꿀팁!

회사가 보수적인 회계원칙을 적용하게 되면, 이익이 실제상황보다 나쁘게 기록될 수 있습니다. 즉 사업은 그 정도로 나쁘지 않았고 현금의 순유출이 많지 않았다 면 영업현금흐름은 괜찮을 수 있습니다.

재무상태표에서 부채를
왜 가장 먼저 봐야 하나요?

채무이행조항

채무자가 채권자에 대해 이행
하기로 협약한 내용을 말한다

부채는 회사의 의지로 채권자에게 자금을 빌리는 빚이라 볼 때, 의무이행을 위한 압력이나 각종 제한사항이 매우 강합니다. 각종 부채에 대해서 원금상환, 이자지급 그리고 각종 채무이행조항* 등 회사는 상당한 수준의 의무를 갖습니다. 회사의 부채가 증가하면 회사가 부담하는 위험은 그 이상으로 커지게 됩니다.

그래서 주식시장은 어느 정도의 부채 수준까지는 받아들이더라도, 과도한 부채 수준에 대해서는 경계하기 마련입니다. 회사의 부채 수준이 과도하게 증가하면 '회사가 계속기업으로서 존속할 수 있을지'에 대한 의구심을 증폭시킬 수도 있습니다.

그럼 어느 정도의 부채가 적정할까요? 이러한 질문에 대한 답을 얻기 위해 학술적으로도 많은 연구가 되어 왔습니다. 1958년 모디글리아니와 밀러(MM)가 자본구조(부채비율*로 봐도 무방하다)가 기업가치에 영향을 미치지 않

부채비율

부채를 자본으로 나눈 비율로, 회사가 감당할 수 있는 부채수준을 가늠한다

는다는 이론을 발표한 이후 지속적으로 연구가 되고 있습니다. 그렇지만 이론적으로 명쾌한 해답은 없습니다.

다만 과도한 부채를 사용하는 기업은 부도위험 등이 클 것이므로 기업의 위험도 관점에서 두 가지 지표를 고려해볼 수 있습니다. 첫째는 말 그대로 자본대비 부채의 비율을 나타내는 '부채비율'이고, 둘째는 벌어들인 이익으로 이자를 갚을 수 있는지를 보여주는 '이자보상배율'입니다.

부채비율이 어느 정도이면 적정할까?

재무제표를 살펴볼 때, 각각의 부채에 대해서 회사가 갖는 의무의 내용과 수준에 대해서 주의 깊게 살펴보면 좋기는 합니다. 각 부채마다 원금상환, 이자지급 그리고 각종 채무이행조항 등이 상당히 다르기 때문입니다. 그러나 투자자로서 일일이 부채별로 조건을 보면서 위험도를 판단하는 것은 사실상 쉽지 않습니다.

그래서 '회사의 부채비율(부채/자본)이 과도한가?'를 위주로 큰 그림에서 살펴보게 됩니다. 부채비율은 총부채를 자본총액으로 나눈 뒤 100을 곱해

산출합니다. 부채비율은 회사가 갚아야 할 부채에 대해 자본이 어느 정도 충분한지를 보여줍니다.

예를 들면 어느 회사의 부채비율이 300%라면 부채가 회사의 자본보다 3배 많다는 것을 의미합니다. 통상적으로 200% 이하 기업을 재무구조가 우량한 업체로 간주합니다(최근에는 그 기준치를 보다 낮게 보는 경우가 많습니다).

그런데 산업마다 그리고 개별 기업마다 적정한 부채비율은 다를 수 있습니다. 그래서 200% 이하의 부채비율이어도 무조건 재무구조가 건전하다고 결론짓는 것 또한 위험합니다. 우리가 부채비율을 바라볼 때 동종 산업의 기업들에 비해 부채비율이 과도한지에 초점을 맞추면 좋습니다. 만약 부채비율이 현격히 높다면 투자에 앞서 회사의 상황에 대해 좀더 자세히 살펴볼 필요가 있습니다. 만약 어떤 기업에 이미 투자를 하고 있다면 과거에 비해 부채가 과도하게 증가할 때 경계의 눈초리를 가져야 합니다.

부채비율보다 더 중요한 것은
이자보상배율이다

부채비율은 자본대비 부채의 규모를 비교하지만, 회사가 실질적으로 부채를 감당할 수 있는지를 보기 위해서는 이자보상배율이라는 지표가 보다 유용합니다.

부채를 지나치게 의존하는 기업은 감당할 수 있는 범위를 넘는 과도한 이자비용*을 부담

이자비용
손익계산서 상 이자발생액을 말하며, 이는 이자의 실제 지급액과 다소 차이가 있다

하게 됩니다. 만약 업황이 악화되어 영업적자가 누적된다면 운영자금의 고갈로 원금은커녕 이자조차도 갚지 못하는 상황에 직면할 수 있습니다.

이자와 단기부채를 제때 갚지 못하는 상황에 직면하면 결국 채권자는 채무불이행을 하게 되고 이를 '부도위험'이라 합니다. 경우에 따라서는 불리한 조건에 장기부채를 발행해 단기부채를 상환하기도 하지만 여전히 이자부담은 늘어나기 마련입니다.

이자보상배율은 영업이익을 총이자로 나눈 뒤 100을 곱해 산출합니다. 이자보상배율(영업이익/총이자)은 회사가 벌어들인 영업이익으로 총이자를 상환하기에 충분한지 그 능력을 보여줍니다.

만약 '이자보상배율=1'이면, 영업이익으로 이자를 다 갚고 나면 남는 게 없다는 뜻입니다. '이자보상배율<1'이면, 영업이익으로 이자조차도 다 지불하지 못한다는 것이므로 상당히 위험하다는 뜻입니다.

국내 상장기업의 경우를 살펴보죠. 한국은행의 발표자료를 보면, 2019년도에 '이자보상배율<1'인 기업이 전체 상장기업의 약 36%입니다. 2020년 3분기 기준으로 이자보상배율이 1 미만인 기업이 전체 상장기업의 약 41%입니다.

이러한 데이터를 통해 볼 때 전체 상장기업의 30~40% 이상의 기업이 벌어들인 영업이익으로 이자조차도 못 갚고 있다는 것을 의미합니다. 우리가 투자자로서 종목을 선별할 때 이렇게 이자보상배율과 같은 이자상환능력을 살펴봐야 하는지 아니면 살펴보지 않아도 되는지는 너무도 자명합니다. 여러분의 증권사 HTS에 들어가면 관심종목의 이자보상배율을 손쉽게 확인해볼 수 있으니 체크해보길 바랍니다.

다음은 결론입니다. 주식시장은 어느 정도의 부채 수준까지는 받아들이

더라도, 과도한 부채 수준에 대해서는 그 위험성을 경계합니다. 그래서 투자자는 부채의 규모 자체가 과도한지를 보기 위해 부채비율을 살펴봅니다. 이 경우 과거에 비해 부채가 지나치게 급증할 때 경계의 눈초리를 가져야 합니다. 나아가 회사가 실질적으로 부채와 이자비용을 감당할 수 있는지를 보기 위해서는 '이자보상배율'이라는 지표를 확인해야 합니다. 회사의 부채와 이자비용이 과도해 감당하기 어려운 수준으로 증가하면 '회사가 계속 기업으로서 존속할 수 있을지'에 대한 의구심을 가져야 합니다.

 재무제표 초보자를 위한 꿀팁!

회사의 부채가 증가하면 회사가 부담하는 위험은 그 이상으로 커지게 됩니다. 부채비율을 통해 과도한 부채 규모를 판단하지만, 회사가 실질적으로 부채를 감당할 능력이 되는지를 보기 위해서는 이자보상배율이라는 지표가 매우 유용합니다.

질문 TOP 37

유상증자와 사채발행은 주가에 악재인가요?

기업이 성장하기 위해서는 투자자금이 필요합니다. 영업적 성장을 위한 대규모의 재원 마련을 위해 유상증자를 하기도 하고, 사채발행을 하기도 합니다. 그러나 당장의 운영자금이 필요해서라든지, 임박한 이자와 부채원금을 지급할 자금이 모자라서 유상증자나 사채발행을 감행해야 한다면 기업의 상황이 상당히 좋지 않다고 봐야 합니다.

어쨌든 유상증자와 사채발행은 기업이 단행하는 커다란 사건으로 주가에 지대한 영향을 미칩니다. 그래서 자본과 부채의 변동사항 중 초미의 관심이 되는 것이 바로 유상증자와 사채발행이라 해도 과언이 아닙니다.

유상증자를 실시하는 이유는
긍정적이거나 부정적일 수 있다

기업의 자본변동사항 중 가장 중요한 항목이 바로 '유상증자'입니다. 대부분의 다른 자본변동사항은 자금이 유입되지 않으나, 유상증자는 기업 외부에서 자금이 유입됩니다.

기업이 유상증자를 하게 되면 기존 주주나 제3자에게 때론 불특정 다수에게 주식을 배정하게 됩니다. 통상적으로 시가보다 할인되어 발행됩니다. 그렇기 때문에 당장은 현재의 주가에 부정적인 영향을 미치기 마련입니다. 경우에 따라서는 시가보다 높게 할증발행되는 경우도 있는데 그러한 경우는 주가에 물론 긍정적입니다.

이렇게 유상증자 시 할인발행*하게 되면 그 할인액만큼 주가에는 단기적으로 부정적이지만, 장기적으로는 유상증자를 실시하는 사유가 중요합니다.

기업이 유상증자를 하는 이유는 크게 두 가지로 요약할 수 있습니다.

첫째는 성장기업이 유상증자를 하는 긍정적 사유로, 매출이나 영업확대를 위해 설비 증설, 각종 영업 인프라 확대 및 연구개발 투자 등의 대규모의 유형·무형의 자산에 투자가 필요한 경우입니다.

할인발행

사채를 액면가 이하로 발행하는 경우를 말한다. 예컨대 액면가가 1만원일 경우 회사가 9천원을 받고 사채를 발행한다면 할인발행이다

둘째는 부실기업이 유상증자를 하는 부정적 사유로, 자본총계를 늘려 부채비율을 낮추거나 자본 잠식을 막기 위해서입니다. 이는 부실기업이 재무구조를 개선하거나 관리종목 지

정, 상장폐지 등의 법적 규제를 피하기 위해서 유상증자를 하는 이유로 볼 수 있습니다.

위에서 성장기업이 대규모 투자자금이 필요해 유상증자를 하게 되면, 주로 시장성 있는 신사업의 성장을 위해 그 자금을 투자하므로 기업의 역량에 따라 장기적으로 기업의 가치에 긍정적 영향을 주기 마련입니다. 그러나 단지 단기차입금이나 이자를 막기 위해, 부채비율을 낮추기 위해, 자본잠식*을 막기 위해 유상증자를 한다면 그건 실로 대단한 악재라 할 수 있습니다.

자본잠식

기업의 적자 누적으로 인해 이익잉여금이 마이너스가 되면서 자본금까지 잠식하다가 종국에는 자본총계가 마이너스가 되는 경우를 말한다

사채발행도 성장재원 마련 목적이면 긍정적이나 단기차입금 상환이면 위험하다

회사가 대규모 자금이 필요한 경우 유상증자와 같이 '자본발행'을 통해서 할 수도 있고, 다른 방법으로 '사채발행'을 통해 조달할 수도 있습니다. 두 방식은 각각의 이점이 있어 회사에서 유리한 방식을 선택하게 됩니다.

사채발행의 경우 일반회사채*를 발행할 수도 있고 전환사채* 등 옵션부사채*를 발행할 수도 있습니다. 특정한 조건을 배제하고 말하면 일반회사채보다 옵션부사채의 영향이 보다

회사채

기업이 자금조달을 위해 일반 공중을 대상으로 직접 발행하는 채권을 말한다

전환사채

보통의 회사채와 똑같지만 주식전환권이 있어, 일정한 기간이 지나 사채금액의 일정비율을 적용해 주식으로 전환할 수 있다

옵션부사채

신주인수권, 주식전환권 등 옵션이 추가로 부여된 회사채를 말한다

유통물량

주식이 발행되어 주식시장에 유통되는 주식의 수를 말한다

수급

주식시장에서 주식의 수요와 공급, 즉 매수세와 매도세의 정도를 말한다

발행주식수

기업이 발행하여 전체 주주가 보유하고 있는 주식의 수를 말한다

부정적입니다. 이에 대해서는 다음 장에서 보다 자세히 살펴보겠습니다.

사채발행도 마찬가지로 성장재원을 위해 이루어진다면 단기적으로는 악재가 될 수 있어도 장기적으로는 사업의 성장여부에 따라 긍정적 영향을 줄 수 있습니다. 반면 당면한 단기차입금의 상환이나 이자지급을 위해 사채를 발행한다면 그건 매우 위험한 신호이고 주가에는 큰 악재가 됩니다.

어쨌든 회사가 대규모 설비투자 등을 감행하기 위해, 재원이 필요하다면 자본에 의한 조달보다는 부채에 의한 조달을 우선적으로 검토합니다. 왜냐하면 유상증자 등 자본에 의해 조달하는 방식은 주주에게 손을 빌리는 행위이므로 주주에게 큰 부담을 줌과 동시에 유통물량*이 증가해 수급*에 부정적이므로 당장의 주가에 부정적 영향을 주기 때문입니다.

재무제표 초보자를 위한 꿀팁!

유상증자를 하면 발행주식수*가 늘어나 당장 주가에는 악재입니다. 유상증자이든 사채발행이든 자금을 조달하는 목적이 중요합니다. 만약 신사업, 시설투자 등 성장재원 마련이 목적이라면 장기적으로는 긍정적 효과를 기대할 수 있습니다.

질문 TOP 38

전환사채는 무엇이고 주가에 악재인가요?

소위 옵션부사채는 전환사채, 신주인수권 부사채*, 교환사채 등이 있습니다. 이중 전환 사채가 대표적입니다. 옵션부사채(Bond with options)는 각종 회사채에 주식옵션을 붙인 것을 말합니다. 즉 일반회사채에 추가해 채권자에게 주식전환권*, 신주인수권*, 주식교환권 등의 옵션을 부여합니다.

예를 들면 전환사채는 일정기간이 지나면 일정 조건에 따라 주식으로 전환이 가능한 사채입니다. 신주인수권부사채는 일반회사채에

신주인수권부사채

신주를 발행하는 경우 미리 약정된 가격에 따라 일정한 수의 신주 인수를 청구할 수 있는 권리가 부여된 사채이다

주식전환권

사채의 액면금액에 대해 일정 비율에 따라 주식으로 전환할 수 있는 권리를 말한다

더해 일정 조건 하에 신주를 인수할 수 있는 권리가 추가로 부여된 사채입니다. 이러한 옵션부사채는 회사채와 동일하면서도 채권자에게 유리한 옵션이 붙어있습니다. 대신 회사에게 저렴한 이자율로 자금을 대여합니다. 그래서 일반 회사채에 비해 낮은 이자율로 발행됩니다.

이들 옵션부사채에 부여된 권리가 행사되어, 신주 물량이 시장에 나올 때마다 유통물량이 증가해 주가가 하락하는 압력으로 작용합니다. 그래서 회사가 옵션부사채의 발행을 결정하게 되면, 주가에 부정적(-) 시그널이라 볼 수 있습니다.

전환사채를 발행하는
사유가 중요하다

회사가 대규모 설비투자 등을 감행하기 위해 재원이 필요하다면 유상증자에 의한 자금조달보다는 부채에 의한 조달을 우선적으로 검토합니다. 왜냐하면 유상증자 방식은 주주에게 손을 빌리는 행위이므로 경영자에게는 큰 부담이 되기 때문입니다.

그런데 일반사채를 발행하면 되는데 굳이 전환사채 등의 옵션이 붙은 사채를 발행한다는 것은 무언가 특별한 사정이 있기 때문입니다. 그래서 전환사채 등의 발행이 시장에 주는 이러한 부정적 시그널에도 불구하고, 회사가 전환사채를 발행한다면 회사가 '왜 전환사채를 발행해야 하는지'를 확인해야 합니다.

다시 말해 회사가 돈이 필요하면 단순히 일반회사채를 발행하면 되는데, 어떤 사유에서 각종 전환사채를 발행하게 되었는지를 그 사유를 알아보는 것입니다. 만약 그 이유가 '어떤 옵션을 부여하지 않는다면 채권자가 돈을 빌려주지 않을 상황'이라면 각별한 주의가 필요합니다.

전환사채 등의 발행이 주가에 주는 영향은 두 번에 걸쳐 발생합니다. 첫 번째로 전환사채 발행을 결정하고 이를 공시할 경우 주식시장이 반응합니다. 두 번째로 전환사채 발행 결정 이후 실제로 전환사채가 주식으로 전환될 때입니다.

㈜코스모신소재의 주가그래프(일봉)

출처: 키움증권 HTS, ㈜코스모신소재의 주가그래프

전환권

일정기간이 지나 사전에 정해진 조건 하에 주식으로 전환할 수 있는 권리를 말한다

유통주식수

주식이 발행되어 주식시장에 유통되는 주식의 수를 말한다

다음은 ㈜코스모신소재사의 전환사채 발행 결정사례입니다. 이를 통해 주가에 미치는 영향이 어떤지를 살펴보죠. 동사는 2018년 12월 7일 장마감 이후 17시 4분에 전환사채 발행 결정공시를 했습니다. 발행규모는 100억원에 이자율은 1.5%이고 전환권*이 행사된다면 발행될 주식은 유통주식수*의 2.7%입니다.

앞의 주가그래프를 통해 동사의 전환사채 발행 공시 전·후의 주가변화를 살펴보죠.

동사는 2018년 12월 7일(금) 장마감 이후 전환사채 발행공시를 실시했습니다. 앞의 주가그래프에서 전환사채 발행공시는 검은색 화살표 부분(↓)입니다. 12월 7일 장마감 이후 공시이므로, 그 다음주 월요일(12월 10일)부터 시장은 반응하게 됩니다. 12월 10일 당일은 종가기준 14,976원으로 −8.31% 하락하게 됩니다. 이후에는 반등과 반락을 반복하면서 주가는 계속 하향추세를 보였습니다.

이와 같이 전환사채 등의 옵션부사채를 발행하기로 하면, 일반적으로 주가에는 부정적입니다. 그 이유는 향후 주식수가 늘어날 것이므로 일종의 주가 희석화 효과가 있을 것으로 예상되기 때문입니다. 다른 이유로는 회사가 굳이 일반회사채를 발행하지 않고 전환사채를 발행하는 것에 대한 우려가 있기 때문입니다.

그렇다고 회사가 전환사채 등을 발행하기로 했다고 해서 무조건 주가가 하락하는 것은 아닙니다. 경우에 따라서는 사채 발행의 사유가 타당하고 발행조건이 매우 좋다면 그리 나쁘지 않은 시그널이기 때문입니다. 그래서 전

환사채 발행의 사유와 조건을 반드시 확인해야 하는 것입니다.

전환사채 등에 대해서는 한 가지만 덧붙입니다. 전환사채 등을 인수하는 투자자는 이러한 인수로 인해 최소 채권 원금만큼을 보장받으면서도 주가 상승에 따른 이익을 향유할 수 있습니다. 회사의 사정이 극히 좋지 않아서 급전은 필요한데 일반사채 발행은 어렵기 때문에, 전환사채 등을 인수할 투자자에게 일종의 특혜(?)를 주면서까지 전환사채를 발행하는 경우가 있습니다. 이러한 전환사채 발행을 주기적으로 수행하면서 겨우 연명해가는 기업을 소위 '전환사채 연명기업'이라 할 수 있습니다. 여러분이 이러한 전환사채 연명기업에 혹시라도 투자한다면 향후 엄청난 주가손실위험을 감수해야 합니다.

 재무제표 초보자를 위한 꿀팁!

일반사채에 주식전환권이 부여된 전환사채를 발행한다면 향후 신주 물량이 시장에 유통될 것이므로 일단 주가에는 부정적입니다. 전환사채 발행의 사유와 그 조건을 확인하는 것이 급선무이며, 만약 전환사채 연명기업이라면 투자하기 매우 위험합니다.

시장전문가들은 모두 PER와 PBR 등의 지표를 써서 주가를 논의한다. 5장에서는 재무제표의 세부 항목들을 이용한 PER와 PBR 등 주가지표를 통해 주가의 고평가 혹은 저평가를 판단하는 방법을 살펴본다. 그렇지만 PER와 PBR 등을 맹신해서는 안 된다. 왜냐하면 그 안에 '이익의 질'과 '자산의 질'은 전혀 반영하지 못하기 때문이다.

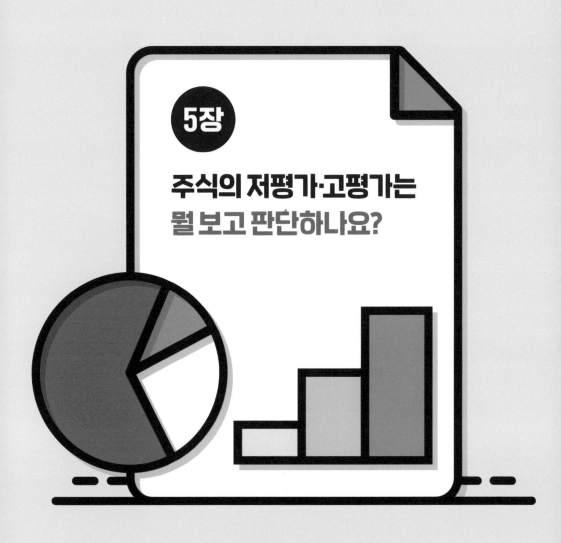

5장

주식의 저평가·고평가는
뭘 보고 판단하나요?

주가가 비싸거나 싸다는 게 어떤 의미인가요?

기업의 주가가 '비싸다' 혹은 '싸다'는 말의 의미는 우선 주가의 절대적 가격 수준이 그렇다는 의미가 있겠고, 또 다른 하나는 주가의 상대적 가격 수준이 그렇다는 의미입니다. 물론 상대적 가격을 얘기할 때는 반드시 비교 가능한 다른 가격이 있어야 합니다.

우선 싼 주식이라면 통상 주가의 절대가격이 싼 경우를 말합니다. 예를 들어 카카오가 2021년 4월 15일에 액면분할을 실시해 거래되었는데, 액면분할 전에는 50만원대였으므로 소액투자자들이 접근하기에는 매우 비싼 주식에 속했습니다. 그러나 5분의 1의 액면분할 이후 10만원대의 주가수준이 되었는데, 물론 싼 주식은 아니지만 그래도 소액투자자가 비교적 접근가능한 수준이 되었습니다. 이 경우 '주가의 절대가격이 싸졌다'라고 할 수 있습니다. 한편 코스피와 코스닥 종목에서도 불과 1,000원대의 주식도 즐비합니다. 그렇지만 주식이 싸다고 무조건 좋은 것도 아닙니다.

기업의 가격은
시가총액이다

시가총액

'주가X발행주식수'로, 어떤 회사의 현재 주가가 1만원이고 발행주식수가 1백만주라면 시가총액은 100억원이다

기업의 가격을 판단할 때는 1주당 절대가격 수준보다도 전체 주식의 시가총액*을 보는 것이 보다 유용합니다. 기업이 유상증자, 액면분할 등 다양한 이벤트를 진행하기 때문에 1주당 주가는 각종 이벤트에 따라 그 수준을 가늠하기 어렵습니다.

그러나 기업의 총 주식수와 주가를 곱한 시가총액은 각종 이벤트와 상관없이 기업 자체의 가격을 잘 대변하고 있으며, 총 주식수를 곱해 산정하므로 기업의 규모가 잘 반영되어 있습니다. 따라서 기업의 가격을 얘기할 때는 시가총액을 사용하는 것이 바람직합니다.

예를 들어 코스피 시장에서 시가총액 10대 종목이 흔히 언급됩니다. 카카오가 2020년 12월 30일 시가총액 약 34.4조원으로 9위에서 2021년 6월 15일 시가총액 약 64.1조원으로 일약 3위 자리까지 오르면서 시장의 화제가 되었습니다. 2020년 12월 30일 주가는 389,500원인데 2021년 6월 15일 주가는 144,500원이므로 1주당 주가는 오히려 내렸습니다.

카카오의 예와 같이 1주당 주가를 통해 보면 주식의 변화를 제대로 파

악하기 어렵습니다. 반면에 시가총액은 2020년 12월 30일 약 34.4조원에서 2021년 6월 15일 64.1조원이 되면서 시가총액이 무려 86% 정도가 커졌음을 알 수 있습니다. 그래서 시가총액의 변화를 보면 어떤 기업이 어느 정도 속도로 성장하는지를 쉽게 알 수 있습니다.

시가총액은 재무제표와 비교가능하다

시가총액은 기업의 가격을 잘 표현하지만, 비교 가능한 수치와 비교를 할 때 기업의 가격이 비싼지 혹은 싼지 그 의미가 정확히 드러납니다. 이렇게 시가총액과 재무제표의 수치를 비교한 것을 '시장지표'*라 합니다. 시장지표로는 PER, PBR*, EV/EBITDA*, PCR, PSR 등의 지표가 많이 언급됩니다.

이러한 시장지표는 시가총액과 이에 대응하는 재무제표 항목을 비교하는 원리로 만들어집니다. 개념적으로는 '기업의 가격이 특정한 재무제표 항목의 몇 배 정도 되는가?'를 의미합니다. 물론 시가총액 대신에 1주당 가격을 사용하고, 재무제표 항목도 1주당 가격으로 나누어 산정하면 그 효과는 같습니다.

시장지표

주가가 어느 정도의 위치에 있는지를 가늠하기 위해 순이익, 순자산 등 재무제표 항목과 비교하는 지표를 말한다

PBR

현재의 주가를 주당순자산으로 나누어 산정한다. PBR은 '그 정도의 주당순자산이면 어느 정도 주가인가?'를 의미한다

EBITDA

'EBITDA=당기순이익+순이자비용+법인세비용+감가상각비 및 무형자산 상각비'이다. 이는 영업이익에 감가상각비 및 무형자산 상각비를 더한 개념에 가깝다

가치요소

재무제표의 항목 중에 기업가
치 또는 주가에 영향을 미치는
요소를 의미한다

순자산

자산에서 부채를 차감한 금액
으로 자본, 자기자본과 동일한
개념이다

시가총액(혹은 주가)에 대응하는 재무제표의 가치요소[*]로는 크게 네 가지를 꼽을 수 있습니다. 순이익, 순자산[*], 현금흐름, 매출액입니다.

첫째, '시가총액'과 '순이익'을 비교합니다. 대표적인 시장지표인 PER는 '시가총액/순이익'으로 산정합니다. PER는 '그 정도의 순이익이면 어느 정도 시가총액인가?'를 말합니다. 두 기업의 순이익이 동일할 경우 시가총액이 높을수록(혹은 주가가 높을수록) PER는 높습니다. 이렇게 순이익에 비해 높은 가격을 부여하는 이유는 해당 기업의 이익 성장성을 높게 기대하기 때문입니다.

둘째, '시가총액'과 '순자산'을 비교합니다. PBR은 '시가총액/순자산'으로 산정합니다. PBR은 '그 정도의 순자산이면 어느 정도 시가총액인가?'를 말합니다. 순자산은 소위 장부 상의 기업의 가치이고 시가총액은 시장가치[*]이므로 상호 비교될 수 있습니다. 두 기업이 순자산이 동일할 경우 시가총액이 높을수록(혹은 주가가 높을수록) PBR은 높습니다. 이렇게 기업의 장부가치, 즉 순자산에 비해 시장이 높은 가격을 부여하는 이유는 해당 기업의 성장성이나 향후 이익창출능력[*]을 높게 평가하기 때문입니다.

마찬가지 방식으로, '현금흐름' '매출액'도 시가총액과 비교해 PCR (Price-Cash flow Ratio)과 PSR(Price-Sales Ratio) 지표를 만들어낼 수 있습니다. 한편 'PER'와 'PCR'의 중간 정도 되는 지표인 'EV/EBITDA'가 있습니다. 여기서 EV(Economic Value)는 기업 전체의 시가총액을, EBITDA는 '이자, 법인세, 감가상각비 차감 전 영업이익'으로 영업이익에서 현금흐름에 가깝게 일부 보정한 것입니다. EBITDA는 영업이익에서 현금흐름항목을 일부 보정하는 개념이므로, EV/EBITDA는 PER의 보완적 지표로 활용됩니다.

시장가치

시장에서 매수자와 매도자 간에 객관적이고 공정한 거래에 의한 가치를 말한다

이익창출능력

기업의 본원적 목적은 영업활동을 수행하면서 이익을 창출함에 있는데, 기업의 제반 자산과 자원을 활용하여 이익을 창출할 수 있는 능력을 의미한다

 재무제표 초보자를 위한 꿀팁!

주가의 절대적 가격 수준이 비싸다 혹은 싸다고 말하는 것은 무의미합니다. 기업의 총 주식수와 주가를 곱한 시가총액을 이용해 판단해야 합니다. 시가총액의 변화를 보면 기업이 어느 정도 속도로 성장하는지 쉽게 알 수 있습니다.

PER와 PBR은 무엇이고, 어디서 확인할 수 있나요?

주가가 적정한지를 비교하기 위해선 어떤 기준치가 필요합니다. 예를 들면 당기순이익이 높으면 주가는 높을 수 있기 때문에 주가와 당기순이익을 비교하는 것입니다. 또한 순자산(자본)이 크면 주가는 높을 수 있기 때문에 주가와 순자산을 비교합니다.

주가와 당기순이익을 비교할 때, 주가는 1주당 가격이므로 1주당 당기순이익과 비교하는 것이 타당합니다. 이를 PER(Price-Earnings Ratio)라 합니다. 유사하게 주가는 1주당 가격이므로 1주당 순자산과 비교하게 되는데, 이를 PBR(Price-to-Book Ratio)이라 합니다.

PER는
주가와 이익창출능력을 비교한다

좀더 구체적으로 PER를 이해해보죠. 아래와 같이 현재의 주가를 주당순이익(EPS, Earnings per share)으로 나누면 PER가 산정됩니다. 한편 시가총액을 당기순이익으로 나누어도 결과는 동일합니다.

> PER(Price-Earnings Ratio) = 주가 / 주당순이익 = 시가총액 / 순이익

PER는 '그 정도의 주당순이익이면 어느 정도 주가인가?'를 말합니다.

예를 들어, 어떤 기업 A가 있습니다. A기업의 주가는 10,000원, 주당순이익은 1,000원이면, PER는 10입니다. PER가 10이라 함은 기업의 주당순이익이 1,000원인데 이에 상응하는 현재 주가는 10,000원이라는 뜻입니다. 즉 주당순이익의 10배에 거래가 되는 것입니다.

통상적으로 주당순이익에 비해 주가는 현저히 높습니다. 왜냐하면 주당순이익은 한 해 동안 이익을 반영하고 있고, 주가는 영구적인 자본액(일종의 누계로 보자)을 반영하고 있기 때문입니다.

기업의 이익력은 기업의 주가를 형성하는 데 가장 중요한 요소임에는 틀림이 없습니다. 그래서 PER 지표는 논리적으로 설득력은 있습니다.

PBR은
주가와 순자산가치를 비교한다

PBR은 '주가'와 재무제표 항목 중 '순자산(자본총계)'을 대응시킨 것으로, 현재의 주가를 주당순자산(BPS, Book-value per share)으로 나누어 아래와 같이 구합니다. 한편 시가총액을 순자산으로 나누어도 결과는 동일합니다.

PBR(Price-to-book ratio) = 주가 / 주당순자산 = 시가총액 / 순자산

주당순자산 그 자체는 재무제표 상에서 1주당 자본가치를 말합니다. 그러나 주당순자산은 '이익창출능력'이나 '영업자산운영능력'을 함양하지 않기 때문에, PBR은 단지 '주가가 순자산장부가치*의 몇 배로 형성되어 있는지'에 관한 사실만을 보여줍니다.

순자산장부가치

재무상태표 상 자본총액을 순자산장부가치라 한다

자산운영능력

기업의 전략과 목적을 달성하기 위해 기업이 현재 보유하고 있는 자산을 얼마나 효율적으로 운영하는지에 대한 능력을 의미한다

즉 PBR은 순자산의 크기를 기준으로 하지만, '기업의 자산운영능력*'과 같은 질적 요소는 고려되지 않습니다. 그러므로 기업의 PBR 값이 동종기업들보다 상대적으로 높다면, 그것만으로 주가가 고평가되었다고 단정할 수 없습니다.

어쨌든 주당순자산은 기본적인 주가를 설명할 수 있는 항목이 될 수 있습니다. 순자산가치가 장기적으로 성장한다면 대응하는 주가도

성장하기 마련입니다. 그래서 많은 이론적 연구를 통해 '주가는 장기적으로 순자산가치에 반응한다'고 알려져 있습니다.

PER와 PBR은
증권사 HTS를 통해 알 수 있다

각 증권사는 해당 증권사의 HTS(Home trading system)를 통해 PER나 PBR 등의 각종 투자지표의 값을 제공합니다.

㈜카카오의 투자지표

IFRS 연결		2017/12	2018/12	2019/12	2020/12	2021/03
Per Share						
EPS	(원)	320	123	-716	353	506
EBITDAPS	(원)	871	533	1,012	1,638	536
CFPS	(원)	703	468	-195	957	687
SPS	(원)	5,817	6,190	7,299	9,426	2,836
BPS	(원)	11,869	12,323	12,123	14,237	15,002
Dividends						
DPS(보통주,현금)(원)		30	25	25	30	
DPS(1우선주,현금)(원)						
배당성향(현금)(%)		9.25	20.99	N/A	8.29	
Multiples						
PER		85.86	168.57	N/A	221.53	
PCR		39.11	44.13	N/A	81.68	
PSR		4.73	3.34	4.22	8.29	
PBR		2.32	1.68	2.54	5.49	6.66

출처: 키움증권 HTS, 기업분석 〉 투자지표

앞의 표는 키움증권 HTS에서 제공되는 투자지표입니다. '기업분석 〉 투자지표'를 통해 들어가면 각종 투자지표의 값을 알 수 있습니다.

그림에서 붉은색 박스로 표시한 부분은 ㈜카카오의 연도별 PER값을 보여준 것입니다. 예를 들어 2020년 12월 재무제표와 주가 기준으로 카카오의 PER값은 221.53입니다. 한편 푸른색 박스로 표시한 부분은 ㈜카카오의 연도별 PBR값을 보여준 것입니다. 예를 들어 2020년 12월 재무제표와 주가 기준으로 카카오의 PBR값은 5.49입니다.

증권사 HTS 이외에도 네이버 금융(finance.naver.com) 등 각종 검색사이트에서도 각종 투자지표를 볼 수 있습니다. 네이버 금융의 경우는 종목명을 입력한 후, 종목분석 〉 Financial summary 순으로 가면 PER과 PBR값을 확인할 수 있습니다.

많은 투자자들이 PER과 PBR를 통해 주가가 상대적으로 높은 수준(고평가)인지, 낮은 수준(저평가)인지를 가늠합니다. 물론 투자자들마다 참고하는 기준과 정도는 다릅니다. 나아가 동종산업, 경쟁기업 등과 그 수치를 비교하기도 합니다.

재무제표 초보자를 위한 꿀팁!

PER와 PBR은 주가를 각각 주당순이익, 주당순자산으로 나눈 값입니다. 주가와 재무제표의 각종 요소와 비교해 주가의 고평가 혹은 저평가를 가늠합니다. 각 증권사의 HTS나 네이버 금융을 통해 PER와 PBR값을 확인할 수 있습니다.

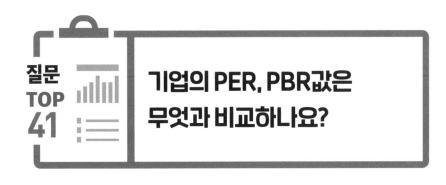

기업의 PER, PBR값은
무엇과 비교하나요?

　상장기업의 PER값은 통상 10배 수준에서, PBR은 1배 수준을 기점으로 해 어느 수준 이상과 이하에서 주가의 고평가와 저평가가 얘기되기도 합니다. 그러나 PER, PBR값은 과거부터 현재까지 지속적으로 그 평균값이 변해 왔습니다.

　PER, PBR값은 주식시장의 역사에 따라, 경기의 호황과 불황에 따라, 혹은 시장의 테마에 따라 끊임없이 변화합니다. 또한 산업별로 다르고, 각 산업내 기업마다도 다른 영역대에 있습니다. 따라서 어떤 기업의 현재 PER, PBR 고유의 값은 그 절댓값만으로 주가가 고평가 혹은 저평가되었는지 한마디로 말하기는 매우 어렵습니다.

PER, PBR값은
다른 비교수치와 비교해야 의미가 있다

대신 한 기업의 현재 PER값(PBR값도 마찬가지입니다)과 다른 수치를 비교함으로써 주가가 상대적으로 높은 수준(고평가)인지, 낮은 수준(저평가)인지를 가늠할 수 있습니다. 그 비교수치는 여러 가지가 언급될 수 있는데, 해당 기업의 역사적 PER, 그리고 시장전체, 동종산업, 경쟁기업 등의 PER가 있습니다.

첫째, 각 기업은 자신만의 역사적 PER가 있는데 흔히 'PER밴드'라는 것이 있습니다. 예를 들면 신한지주의 경우 2018년부터 2020년 6월까지 PER가 4.5~8배 사이의 밴드에서 움직입니다. 만약 현재 PER값이 15배가 된다면 역사적 PER값과 비교해 상당히 높은 수준이므로 주가는 상대적으로 높은 수준으로 볼 수 있습니다.

둘째, 시장전체, 동종산업, 경쟁기업 등의 PER가 있습니다. 예를 들면 코스피 시장의 PER는 2006년부터 볼 때 통상 8배가 최하단이고, 18배가 최상단의 영역이었습니다. 그러다 2021년부터 시장 PER가 치솟아서 약 33배 수준이 되기도 합니다. 어떤 기업의 PER가 만약 5배라면 시장 PER에 비해서도 현저히 낮은 수준으로 볼 수 있습니다. 물론 PER값이 낮다고 앞으로 무조건 주가가 오른다는 뜻은 아니니 유의해야 합니다. 단지 비교에 의미를 두고 분석해야 합니다.

무엇보다 어떤 기업의 PER값은 동종산업 내 경쟁기업의 PER값과 비교해야 의미가 있습니다. 예를 들면 통신기업인 SK텔레콤의 2021년 7월 11일 기준 PER(분기이익 기준)는 14.8인데 KT는 11.1이므로 SK텔레콤이

KT에 비해 상대적으로 주가수준이 높습니다. 한편 업종 PER는 13.1인데, SK텔레콤은 업종 PER와 비교할 때도 주가수준이 상대적으로 높습니다.

결론적으로 주가는 기업전체의 규모를 고려한 시가총액으로 비교하는 것이 보다 유용하고, 시가총액은 다시 재무제표의 관련 항목과 비교할 수 있습니다. 뿐만 아니라 PER, PBR 등 시장지표를 통해 한 기업의 시장지표 값과 시장전체, 동종산업, 경쟁기업의 수치를 비교해볼 수 있습니다.

 재무제표 초보자를 위한 꿀팁!

어떤 기업의 PER·PBR값을 구했다면, 해당 기업의 역사적 PER·PBR수준, 시장 전체, 동종산업, 경쟁기업의 PER·PBR값과 비교할 수 있습니다. 산업마다 PER· PBR 수준이 다르므로 동종기업과 비교하는 것이 필수적입니다.

PER, PBR로 저(고)평가를 어떻게 알 수 있나요?

질문
TOP
42

내재가치

기업이 가지고 있는 본질적인 가치를 의미하며 이론적 가치 라고도 한다

경제적 부가가치(EVA)

기업이 영업활동을 통해 창출한 순가치의 증가분으로, 영업이익에서 자본비용과 법인세를 차감한 이익으로 산정한다

주가에는 적정가치가 있다는 믿음이 있습니다. 이를 '내재가치'*라 합니다. 이론적으로는 내재가치를 산정하고 실제주가와 비교해 주가의 고평가와 저평가를 판단합니다. 그런데 내재가치는 고정값으로 정해진 것이 아니므로 다양한 방법론과 실무적 경험을 통해 알아내려는 노력이 계속되고 있습니다.

지금까지 알려진 이론적 방법 중에 가장 우수한 방법이 'RIM법(Residual Income Model)' 또는 'EVA*법(Economic Value Edded Model)'

252

입니다. 많은 이론가들이 이러한 RIM법과 EVA법을 응용해 가치평가를 위한 연구를 수행해왔습니다. 그렇지만 이들 방법들도 많은 추정요소가 있기 때문에 각 평가자의 추정방식에 따라 기업의 내재가치가 많이 달라집니다. 이와 같은 이론적 방법은 논리적으로는 우수하나 일반 투자자들이 실제 적용하기에는 한계가 있습니다.

그래서 많은 전문가 및 투자자들이 PER, PBR 등 주가배수라는 시장지표를 통해 주가의 저평가 혹은 고평가를 판단하려 노력합니다. 다만 각종 시장지표를 통해 주가의 저(고)평가를 판단하는 것은 어디까지나 각 투자자의 몫이고, 합일된 방법은 없다고 볼 수 있습니다.

PER, PBR값은
일종의 프리미엄이다

여기서는 일반 투자자 관점에서 PER값을 중심으로 기업의 적정주가*를 판단하는 방법을 살펴보겠습니다. PER값 대신에 PBR값을 대입하면 논리는 동일하므로, 여기서는 PER 위주로 살펴보고 나머지 시장지표는 각자 유사한 방법으로 적용하면 됩니다.

앞서 PER를 '그 정도의 순이익(주당순이익)이면 어느 정도 시가총액(주가)인가?'로 정의했습니다. 그래서 두 기업이 순이익이 동일할 경우 시가총액이 높을수록 PER는 높다고 했습니다. 이러한 의미는 어떨 때 PER가 높고 낮은지를 설명할 뿐, 주가의 고

> **적정주가**
> 기업의 내재가치 또는 본질적 가치에 근거한 주가를 의미한다

평가와 저평가를 말해주는 것은 아닙니다.

그럼 우리가 주가의 고평가와 저평가를 논하기 위해서는 PER의 정의에서 출발해 식의 변환이 필요합니다. 다음을 보죠.

PER= 시가총액/순이익 (= 주가/주당순이익) ---------- ①
시가총액 = 순이익 × PER   ---------- ②
주가 = 주당순이익 × PER   ---------- ②-1

위의 식 ②를 보면, 시가총액은 순이익에 PER값만큼의 배수를 적용해 산정할 수 있습니다(물론 주가도 주당순이익에 PER값의 배수를 적용하니 방법은 동일합니다). 이와 같이 시가총액은 순이익에 배수를 적용하니, 이러한 PER값 등 시장지표들은 '주가배수'라고 합니다.

이렇게 식을 변환하니, PER값의 의미는 명확해집니다. 예를 들어 포스코의 주가가 344,500원(2021년 7월 12일 종가)인데 PER값은 약 13.5입니다. 이는 순이익의 13.5배의 가치를 부여한다는 의미입니다. 그래서 배수가 되고 이는 일종의 프리미엄이기도 합니다. 즉 '순이익에서 몇 배의 프리미엄을 부여하는가?'를 의미합니다.

이처럼 PER값을 순이익에 부여하는 프리미엄이라 보면 기업마다 왜 PER값이 다른지를 추론해볼 수 있습니다. 만약 어떤 기업의 미래 순이익이 지속적으로 증가할 것으로 본다면 현재의 순이익에 보다 많은 배수(멀티플, Multiple이라 합니다.)를 부여할 수 있습니다. 그러니 보다 높은 PER값을 부여하게 됩니다.

주가예측을 위해
컨센서스를 이용한다

왼쪽의 식 ②에서 시가총액, 즉 미래 주가를 예측하거나 적정 주가를 산정하기 위해서는 순이익을 추정하거나 PER값을 추정해야 합니다.

첫째, '추정 순이익'을 대입해 향후 주가를 추정합니다. 이때 PER값은 현재의 PER값이 유지된다고 가정해 그 값을 씁니다.

기업은 분기별로 실적을 발표합니다. 향후 다가올 분기나 연간 추정 순이익을 사용하면 미래 주가를 추정할 수 있습니다. 가장 합리적인 방법은 기존 분기실적에 도래하는 분기에 대한 순이익 추정치를 더한 후 연간 순이익으로 환산하는 것입니다.

그럼 분기별 혹은 연간 순이익 추정치는 어떻게 구할까요? 가장 손쉬운 방법은 애널리스트 컨센서스를 이용하는 것입니다. 각 증권사 애널리스트

㈜KT의 분기별 이익 컨센서스

IFRS (연결) | 분기		2020/09	2020/12	2021/03	2021/06(E)	2021/09(E)	2021/12(E)
매출액		60,012	62,073	60,294	61,009	58,430	63,640
전년동기대비	(%)	-3.42	0.19	3.39	3.82	-2.64	2.52
컨센서스대비	(%)	-1.33	0.56	0.01	-	-	-
영업이익		2,923	1,651	4,442	4,008	3,517	2,330
전년동기대비	(%)	-6.43	5.29	15.44	17.22	20.33	41.13
컨센서스대비	(%)	-4.87	-10.23	14.80	-	-	-
당기순이익		2,301	385	3,265	2,639	2,307	1,247
전년동기대비	(%)	7.88	흑전	43.71	27.13	0.25	223.82

출처: 키움증권 HTS, 기업분석 〉 컨센서스

는 향후 도래하는 분기뿐만 아니라 그 이후 분기들까지 매출, 영업이익, 순이익 등 예측치를 발표합니다. 뿐만 아니라 이들 예측치를 이용해 연간 순이익 추정치를 발표합니다. 이들 예측치의 평균이 애널리스트 컨센서스가 됩니다.

앞 페이지의 키움증권 HTS에서 제공하는 애널리스트 컨센서스를 보죠. 푸른색 박스의 컨센서스 부분에 체크하면 이를 확인할 수 있습니다. 붉은색 박스는 2021년 7월 13일 기준 2021년 2분기 KT의 순이익에 대한 컨센서스값입니다. 즉 애널리스트는 평균적으로 2분기 순이익을 2,639억원으로 추정하고 있습니다(아직 2분기 실적발표는 이루어지지 않았습니다).

물론 위의 1분기 순이익에 2분기 추정 순이익을 더한 후 2배를 곱해 연간 순이익을 추정할 수도 있지만, 아래와 같이 연간 순이익에 대한 컨센서스도 제공하고 있으니 이를 이용해봅시다.

㈜KT의 연간 이익 컨센서스

IFRS (연결) | 연간		2018/12	2019/12	2020/12	2021/12(E)	2022/12(E)	2023/12(E)
매출액		234,601	243,421	239,167	246,418	253,086	259,411
전년동기대비	(%)	0.31	3.76	-1.75	3.03	2.71	2.50
컨센서스대비	(%)	-0.33	0.27	0.13	-	-	-
영업이익		12,615	11,596	11,841	14,266	15,546	16,628
전년동기대비	(%)	-8.27	-8.08	2.11	20.48	8.97	6.96
컨센서스대비	(%)	-5.76	-1.43	-1.67	-	-	-
당기순이익		7,623	6,659	7,034	9,720	10,868	11,888
전년동기대비	(%)	35.76	-12.65	5.63	38.18	11.81	9.39

출처: 키움증권 HTS, 기업분석 〉 컨센서스

옆의 애널리스트 컨센서스를 보면, KT의 2021년 연간 순이익은 9,720억원으로 추정되고 있습니다. 이러한 추정 순이익을 이용해 시가총액을 추정해보죠.

현재 PER값이 유지된다고 가정하는데 키움증권 HTS에서 제공하는 2020년말 기준 PER값은 9.52배입니다. 추정 순이익 9,720억원에 기준 PER값인 9.52를 곱하면 9조 2,534억원입니다. 이것이 추정 시가총액입니다.

KT의 발행주식수는 261,111,808주이므로, 추정 시가총액 9조 2,534억원을 발행주식수로 나누면 35,438원의 추정 주가가 산정됩니다.

2021년 7월 12일의 주가는 32,450원이므로, 추정 주가 35,438원과 비교하면 약 3,000원 정도 상승여력이 있다고 추정됩니다. 이러한 주가 상승여력은 연간 순이익의 성장에 있다고 볼 수 있습니다. 즉 2020년 연간 순이익이 7,034억원인데 2021년에는 9,720원억으로 38% 정도 성장이 기대되기 때문입니다.

이와 같이 추정 순이익을 현재 PER값에 대입해 추정 시가총액 및 추정 주가를 도출하고, 현재 주가와 비교할 수 있습니다. 이를 통해 고평가 혹은 저평가를 알 수 있고 주가의 상승(하락) 여력을 판단할 수 있습니다. 그러나 이러한 방법에 의한 추정주가는 단지 순이익의 성장에 대한 기대만을 반영하고 있으므로 과신해서는 안 될 것입니다.

벤치마크 PER를
이용한다

둘째, 254페이지의 식 ②-1을 봅니다. 추정주가를 산정하기 위해 이번에는 추정 PER값을 구해 현재의 주당순이익을 곱하는 방법입니다. 이번에는 주당순이익을 현재의 순이익을 기준으로 해 그 값을 씁니다. 물론 순이익도 미래의 순이익을 추정해 사용하는 방법도 가능할 것입니다.

그럼 문제는 '추정 PER'를 산정하는 것입니다. 추정 PER는 가장 유사한 '동종의 경쟁기업의 PER'를 사용하거나, '업종 평균 PER'를 사용해 구할 수 있습니다.

예를 들어 A기업의 현재주가는 1만원이고 주당순이익이 1천원이며, 동종의 경쟁기업의 PER가 15라 해봅시다. 이 경우 A기업의 추정 주가는 1,000원×15배=15,000원이 됩니다.

이와 같은 추정주가(15,000원)와 현재주가(10,000원)를 비교해보면, A기업의 현재 주가가 고평가되었는지 아니면 저평가되었는지 가늠해볼 수 있습니다. A기업은 경쟁기업에 비해 주가가 5천원 저평가되어 있음을 알 수 있습니다.

만약 업종평균 PER가 12라 하고, 이를 이용해 A기업의 추정 주가를 구하면 1,000원×12배=12,000원이 됩니다. A기업의 현재 주가는 1만원이므로 업종평균에 비해서도 2천원이 저평가되었다고 볼 수 있습니다.

이처럼 추정 PER값으로 동종의 경쟁기업이나 업종평균을 이용하지 않고, 투자자가 개별적으로 추정하는 방법도 가능합니다. PER는 순이익에 부여하는 일종의 프리미엄이므로 현재의 순이익과 미래 순이익을 비교해 이익의 성장성이나 확장성을 평가해 현재의 PER값보다 더 높은 혹은 더 낮은 수치를 부여할 수 있습니다.

앞에서 열거한 방법들은 추정주가를 산정하기 위한 절대 불변의 진리는 결코 아닙니다. 투자자 스스로가 주가배수 등 시장지표를 통해 저평가된 종목을 발굴하거나 고평가 종목을 판단하기 위해서는 이들 지표를 경험적으로 많이 적용해보아야 합니다. 이후 각 상황에 맞는 자신만의 투자법을 개발할 때 가치투자의 고수가 되는 길이라 봅니다.

 재무제표 초보자를 위한 꿀팁!

미래(또는 적정) 주가는 순이익에 추정 PER를 곱해 산정할 수 있습니다. PER는 순이익에 곱하는 일종의 프리미엄인데, 동종기업이나 업종평균을 이용해 추정할 수 있지만 투자자 스스로가 경험적으로 많은 적용을 해봐야 합니다.

성장주 투자에서는 PER, PBR을 어떻게 보나요?

성장주는 미래의 매출 및 이익 성장기대가 높은 종목입니다. 성장주의 경우 현재의 순이익보다 미래의 순이익이 크게 성장할 것이라는 시장의 기대가 있으므로 이에 걸맞게 주가가 높아져 PER도 높아집니다.

성장주도 시장 전망, 업종별 특성 그리고 기업별 상황에 따라 다양하게 분류됩니다. 따라서 성장주의 PER는 다른 종목들에 비해 상대적으로 높게 형성되지만 어느 정도 높은지를 일률적으로 규정할 수 없습니다. 미래에 매출과 이익이 크게 성장할 것이라는 시장의 믿음이 강할수록 해당 종목은 높은 PER 수준을 형성합니다.

거시경제학자인 케인즈는 증권시장을 연구하면서 주식투자를 미인대회라고 비유했습니다. 대중적인 인기와 선망을 받는 종목은 그 수요가 공급을 압도하기 때문에 주가가 오른다는 의미입니다. 카카오, 네이버 등 플랫폼 기업이나 미국 FAANG(Facebook, Apple, Amazon, Netflix, Google) 기업은 성장에 대한 끝없는 기대와 함께 주식에 대한 수요도 압도적이기 때문에 역사적으로도 유례가 드문 고PER의 영역을 넘나들고 있습니다.

성장주의 PER는
그 수치만으로 고평가를 논할 수 없다

코스피 상장기업의 PER(2019년 결산일 기준)는 18.6배라고 거래소에서 밝힌 바 있습니다. 그 이전 연도는 10.8배이니 연도별로도 변화가 꽤 큽니다. 과거부터 PER의 기준수치는 10배 정도로 받아들여져왔습니다. 하지만 최근에는 20배 정도까지 기준치로 보기도 합니다. 그렇지만 경기상황별로 업종별로 기준치는 모두 다르게 인식됩니다.

그런데 테슬라는 2020년말을 전후로 1천배의 PER를 넘나들고 있습니다. 이는 국내 및 국외기업을 통틀어도 실로 놀라운 수치입니다. 그럼 테슬라의 PER는 왜 그렇게 높을까요?

PER는 현재 순이익에 비해 주가는 몇 배로 형성되는가를 보여주는 단순한 개념입니다. 즉 현재의 순이익을 오직 주가결정요인으로 고려해서 배수를 해주는 개념인 것입니다. 그런데 주가는 단지 현재 순이익 수준만을 고려하는 것이 아니라, 미래에 기대하는 순이익을 반영하게 됩니다.

테슬라의 무한 PER값은 미래 전기차 시장이 폭발적으로 성장할 것이라는 확고한 믿음과 함께 테슬라의 시장점유율 및 독점력에 대한 강한 기대가 반영되는 것입니다. 미래 전기차 시장이 팽창하고 그 시장을 독점하면서 미래의 순이익 또한 폭발적으로 성장하리라 기대하기 때문에, 현재의 순이익 수준에 비해 상상을 초월하는 주가가 형성되는 것입니다.

테슬라의 무한 PER는 미래 전기차시장의 독점력과 향후 이익의 폭발적 성장에 대한 시장의 믿음을 보여줄 뿐, 1천배라는 PER 수치가 주가의 고평가나 매도시점을 정확히 알려주는 지표는 아닙니다. 따라서 PER 수치만 보고 어떤 잣대로 삼아 투자결정을 하는 것은 바람직하지 못합니다.

PBR값도 대개는 PER값과 그 추세를 같이한다

자산가치

기업가치 중 기업의 순자산(자본총액)이 설명하는 부분을 말한다

수익가치

기업가치 중 기업의 수익(이익)이 설명하는 부분으로, 필자는 절대적인 이익수준인 기본수익가치와 이익의 성장을 반영하는 성장수익가치로 구분한다

이론적 가치평가모형은 자산가치*와 수익가치*로 기업가치를 결정하며, 이에 대한 재무제표 요소로서 순자산과 이익을 보는 것입니다. 따라서 PBR은 순자산을 고려하고, PER는 이익을 고려해 주가를 결정하고자 하는 차이가 있습니다.

어떤 기업의 순이익이 매해 늘어난다면, 순자산도 자연히 늘어납니다. PBR은 단지 순이익보다는 기업의 자산가치에 보다 무게를 두고 주가를 바라보는 것입니다.

이러한 관점에서 보면, PBR값도 대개 PER

값의 추세와 같이합니다. 과도하게 고PER가 형성되면 PBR값도 자연히 과도하게 높아지게 됩니다. 당연히 순이익에 비해 주가가 과도하게 높다면, 순자산에 비해서도 주가가 과도하게 높게 형성될 가능성이 높습니다.

고PER와 마찬가지로 고PBR도 주가의 고평가나 매도시점을 정확히 알려주는 지표는 못됩니다. 다만 체슬리자문의 박세익 전무는 이와 관련해 2021년 7월초 유튜브 방송에서 다음과 같이 조심스런 경계에 관해 언급합니다.

"성장주의 주가가 단기에 급등해 PBR이 11배 정도 되면, 주가의 추가적인 상승이 어느 정도 한계에 다다르므로 경계심을 가져야 한다."

성장주는
PER보다는 PEG를 본다

PER는 현재 순이익에 부여하는 주가 프리미엄이라 할 수 있습니다. 그런데 이익은 현재의 절대수준이 중요하기보다는 이익의 성장이 중요합니다. 왜냐하면 현재의 이익 수준보다는 이익 성장률이 보다 주가에 영향을 미치기 때문입니다.

성장주의 경우 흔히 고PER가 형성됩니다. 만약 주당순이익(EPS, Earning per share)이 증가하는 추세라면 이러한 고PER가 용인될 수도 있습니다. 이익 성장세가 가파르기 때문에 미래 이익이 증가할 것이라는 시장의 믿음이 생겨납니다. 그래서 현재의 순이익에 비해 많은 프리미엄이 붙어도 시장은 용인할 수 있는 것입니다.

따라서 성장주의 PER를 바라볼 때는 ESP성장률을 고려하는 것이 필요합니다. 이와 같은 측면에서 PER를 보완하는 다음과 같은 PEG지표를 생각할 수 있습니다.

PEG = PER / EPS 증가율(%)

PEG지표는 PER값을 EPS증가율로 나눈 것입니다. 동일한 PER에 EPS 증가율이 높을수록 PEG값은 낮아집니다. 즉 현재의 PER 수준이 높더라도 EPS증가율이 충분히 크다면 수용할 수 있다는 뜻입니다.

여기서 유의해야 할 점은 PER는 배수 그대로 사용하나, EPS증가율은 % 수치를 그대로 쓴다는 것입니다. 즉 PER가 20배이고 EPS증가율이 20%이면, 'PEG=20/20(%)=1'이 됩니다. PER에 비해 EPS증가율이 높으면 PEG가 작아집니다. 현재의 PER 수준이 높더라도 이익성장이 유효하다면 고PER는 시장에서 용인될 수 있다는 뜻입니다.

그러므로 성장주를 바라볼때는 고PER도 PEG가 충분히 낮다면 위험수위는 아니라는 점입니다.

그렇다면 시장에서 용인되는 PEG 수준은 어느 정도일까요? 이 질문에 대한 정답은 사실 없습니다. 다만 'PEG=1' 수준이면 매력도가 여전하다는 기준치로서 받아들여지고 있습니다. 즉 PEG가 1 이하이면 EPS성장률이 충분하기 때문에 고PER가 어느 정도 수용될 수 있다는 뜻입니다.

PEG로
성장주 투자전략이 가능하다

PEG는 고PER를 어느 정도 수용할 수 있을지에 대한 실마리를 줍니다. 그런데 PEG를 적용할 때 예상 PER와 예상 EPS증가율을 쓴다면 매우 의미 있는 투자전략이 가능하다고 봅니다.

향후 도래하는 분기의 추정 순이익을 이용해 예상 PER를 적용하고 예상 EPS증가율을 적용한다면, PEG지표에 미래의 이익을 자연스레 선반영할 수 있습니다. 그렇게 되면 보다 많은 정보가 함유되기 때문에 PEG지표도 시사하는 내용이 많아질 수 있습니다.

예상 PER와 예상 EPS증가율은 애널리스트 컨센서스를 사용하면 손쉬울 것입니다. 물론 이는 어디까지나 합리적인 예상치이므로 이를 이용한 PEG지표는 과신해서는 안 되고 투자전략을 편성하는 데 참고하는 수준으로 받아들이는 것이 좋습니다.

PEG 지표는 PER와 EPS증가율로 다음의 Matrix를 구성해볼 수 있습니다.

PEG Matrix

PER

Risky Cliff	STAR (② 선호주)
Shadow Mark	DARK HORSE (① 선호주)

10

10%　　　　　　　　　　　　　　　EPS증가율

앞의 PEG Matrix를 보면, X축은 EPS증가율을 표시했습니다. 여기서는 단지 기준점의 의미로 EPS증가율을 10%로 표기했습니다. Y축은 PER를 표시하고 10배를 기준점으로 했습니다. 투자자 각자가 이 기준점을 잡아보길 권고합니다.

앞의 PEG Matrix에 따라 영역을 4개로 나눠볼 수 있습니다. Star, Dark Horse, Shadow Mark, Risky cliff가 그것입니다. 이는 단순히 필자의 분류 방식이니 독자들은 참고하는 수준에서 읽어보길 바랍니다.

첫째, Star 영역입니다. 현재 PER 수준이 높더라도 높은 이익성장률 때문에 고PER가 용인됩니다. 시장에서 고PER 논란이 있더라도 섣불리 매도하는 우를 범하지 말고 영업이 잘되고 있는지에 촌각을 곤두세울 필요성이 높은 영역입니다.

둘째, Dark horse 영역입니다. 현재 PER 수준이 높지 않은데 높은 이익성장률을 보이고 있습니다. 급등주의 잠재력이 매우 큽니다. 과거 몇 개년 동안 영업에 대한 대규모 투자지출이 있었고, 이로 인한 영업성장효과가 나타난다면 매우 긍정적인 시그널입니다.

셋째, Shadow mark 영역입니다. EPS증가율로 낮고, PER 수준도 낮은 일종의 소외주입니다. 경기민감주의 성격이 있을 수 있는데 산업별 업황이 괜찮은지 혹은 좋아지는지를 체크해야 합니다. 이 경우 특히 재고자산의 증감을 체크해보는 것도 방법입니다. 만약 재고자산이 누적되어 매출원가가 줄어드는데도 이익이 정체되면 나쁜 신호입니다. 반면 재고자산이 감소해 매출원가가 늘어드는데도 이익이 증가하면 좋은 신호입니다.

넷째, Risky cliff 영역입니다. 고PER의 영역인데, 이익 증가율이 갑자기 악화되는 경우입니다. 향후 분기실적추정이나 각종 공시자료를 통해 사업과 이익의 성장둔화를 모니터링해 그 시그널을 발빠르게 포착해야 할 영역입니다.

어쨌든 어떠한 투자지표를 사용하든 완전히 맹신해서는 안 됩니다. 투자자인 여러분은 과도한 투자에 앞서 다양한 상황에서 PER가 되었든 PBR이 되었든 PEG가 되었든, 그 쓸모를 평가하고 투자에 유용한지에 대해 경험을 쌓는 것이 중요합니다.

고PER주

PER는 '(주가/주당순이익)'으로 산정하는데, 어떤 기업의 PER값이 다른 기업들에 비해 상대적으로 높을 때 동 기업의 주식을 고PER주라 한다

고PER주 논란

PER값이 지나치게 높아, 주가가 과도하게 고평가되었다는 논란을 말한다. 기업의 미래 성장에 대한 시장의 기대가 지나치게 높다는 비판이다

 재무제표 초보자를 위한 꿀팁!

성장주의 경우 흔히 고PER주 논란*에 휩싸입니다. 그런데 이익이 지속적으로 증가하는 추세라면 이러한 고PER가 용인될 수도 있습니다. 성장주의 PER를 바라볼 때는 이익성장률을 고려하게 되는데 이때 PEG지표는 매우 유용합니다.

질문 TOP 44

PER와 PBR은
어떤 문제가 있을까요?

결론부터 말하자면, PER는 순이익을 사용하고 PBR은 순자산을 사용하는데 순이익과 순자산은 각 회사의 회계처리방식에 의존하므로 회사마다 결과값이 달라진다는 점입니다. 그래서 PER값과 PBR값을 일률적으로 그 수치만 보고 판단하면 곤란합니다.

> **총계금액**
>
> 각 재무제표는 세부 항목들을 가감하여 총계금액을 제시한다. 예를 들어 각 수익항목을 합산하고, 각 비용항목을 차감하면서 최종적으로 당기순이익이라는 총계금액을 산출한다

PER와 PBR은 물론 좋은 지표입니다. 그러나 오직 총계금액*만 고려한다는 치명적 한계가 있습니다. 이익이나 자산의 총계금액만 봐서는 엄청난 왜곡이 일어날 수 있기 때문입니다. 즉 PER와 PBR은 이익이나 자산의 총계금액만 고려하기 때문에 그 안에 '이익의 질'*과

'자산의 질'*은 전혀 반영하지 않는다는 한계
가 있습니다.

이익의 질

기업마다 회계처리정책과 방법
이 다르므로, 동일한 금액의 이
익이라도 그 내용을 보면 질이
다르다

회계처리에 따라
이익의 값이 달라진다

자산의 질

기업마다 회계처리정책과 방법
이 다르고 자산의 용도 및 사용
의 효율성이 다르므로, 동일한
금액의 자산이라도 그 내용을
보면 질이 다르다

PER와 PBR은 각각 순이익과 순자산을 사
용하는데, 모든 상황과 조건이 동일하더라도
각 회사의 회계처리방식에 따라 순이익과 순
자산의 값은 다릅니다.

예를 들면 A와 B 두 기업이 있다고 해봅시다. 두 기업 모두 당해 연구
개발에 100억원을 지출했다고 하죠. 연구개발비를 제외한 순이익은 모두
200억원으로 동일하다고 가정해봅시다.

두 기업의 연구개발비에 대한 회계처리만 다르다고 가정하고 두 기업이
발표한 순이익을 잠시 얘기해보죠. A기업은 연구개발지출* 100억원을 모

두 기업의 최종 순이익 비교

	A기업	B기업
연구개발비제외 순이익	200억원	200억원
연구개발비 100억	자산처리	비용처리
최종 순이익	200억원	100억원

연구개발지출

새로운 제품·용역·공정·기술을 개발하기 위하여 행해진 연구·조사 활동에 지출된 자금을 말한다

과대평가(계상)

자산의 평가에 있어서 장부상 자산가액을 실제가액(또는 공정가치)보다도 과대하게 평가(계상)하는 것을 말한다

두 자산으로, B기업은 모두 비용으로 처리했습니다.

앞 페이지의 표는 A와 B기업의 최종 순이익을 비교한 것입니다. A기업은 연구개발비를 제외한 순이익 200억원이 그대로 최종 순이익이 됩니다. 연구개발지출 100억원은 자산으로 계상*되었을 뿐, 손익에는 영향을 주지 않습니다. 반면 B기업은 연구개발비를 비용으로 처리했으므로 기존 순이익 200억원에서 100억원의 비용을 차감한 100억원의 최종 순이익을 보고합니다.

앞의 사례와 같이 모든 상황이 동일한데도 단지 회사의 회계처리방식에 따라 한 기업은 200억원의 순이익을 보고하고, 다른 기업은 100억원의 순이익을 보고합니다. 위 사례만 보면 순이익이 2배 차이가 납니다. 이에 따라 A기업에 비해 B기업의 순이익이 작으므로, B기업의 PER값(시가총액/순이익)이 상대적으로 커집니다.

물론 이와 같은 상황에서 PBR값도 달라집니다. A기업에 비해 B기업의 순자산도 작으므로, B기업의 PBR값(시가총액/순자산)도 상대적으로 큽니다.

결국 이익의 질을
봐야 한다

앞선 예에서 A기업에 비해 B기업이 연구개발지출을 비용으로 처리하기 때문에 이익이 보수적입니다(자산 또한 보수적입니다). 이를 회계학에서는 '보수적 회계처리'라 합니다. 정확히는 자산과 이익을 과소하게 보고하는 회계처리를 말합니다. 이렇게 회사가 보수적 회계처리를 할수록 이익의 질이 좋습니다.

회사가 어떤 사건과 거래에 대해 보수적 회계처리를 할 수도 있고, 그렇지 않을 수도 있습니다. 보수적 회계처리란 이익과 자산을 과소(↓) 계상하고 비용과 부채를 과대(↑) 계상함을 의미합니다. 이로 인해 이익은 작아지고(↓) 순자산(자산-부채)도 작아지게 됩니다(↓). 회사가 이러한 보수적 회계처리를 수행한다면 그 회사의 이익의 질이 좋아지고 회계투명성은 높아집니다.

신성장산업군인 플랫폼 기업이나 바이오헬스케어* 기업의 경우 연구개발지출이 막대합니다. 그런데 대규모 연구개발지출에 대해 무형자산으로 계상하면 비용이 그만큼 과소 계상되어 이익이 늘어납니다.

반면 동 연구개발지출을 비용으로 계상하면 보수적인 회계처리로 이익이 줄어듭니다. 이렇게 보수적 회계처리는 이익의 질을 좋게 합니다. 이러한 이익의 질은 보수적 회계처리 외에 다양한 내용들이 있습니다. 여기서는 이익의 질에 따라 PER와 PBR값이 얼마든지 달라진다는

> **바이오헬스케어**
> DNA, 단백질, 세포 등의 생명체 관련 기술을 직접 활용해 인간의 생명과 건강에 관한 제품, 서비스 등 다양한 부가가치를 창출하는 산업이다

사실에 주목하면 됩니다.

　결론입니다. PER은 순이익에 부여하는 프리미엄이고 PBR은 순자산에 부여하는 프리미엄이라 할 수 있습니다. PER와 PBR은 이처럼 순이익과 순자산이라는 총계금액에 어떠한 프리미엄을 부여하는 것입니다. 그런데 기업마다 회계처리가 다르고 이에 따라 이익(자산)의 질이 다르기 때문에 동일한 총계금액이라도 그 의미가 다릅니다. 따라서 총계금액 자체에 일률적으로 프리미엄을 부여하는 PER와 PBR값은 충분히 왜곡될 수 있음을 유념해야 합니다.

 재무제표 초보자를 위한 꿀팁!

PER와 PBR에 사용되는 순이익과 순자산은 각 회사의 회계처리방식에 의존하므로 회사마다 결과값이 달라집니다. 즉 PER와 PBR은 이익이나 자산의 총계금액만 고려할 뿐 그 안에 '이익의 질'과 '자산의 질'은 전혀 반영하지 못합니다.

실적은 기업의 회계처리에 큰 영향을 받는다. 그러므로 스마트 투자자라면 회사가 발표하는 이익 수치 그 자체에 함몰되어서는 안 된다. 6장에서는 기업의 실적에 지대한 영향을 주는 회계처리의 중요한 이슈를 살펴봄으로써, 앞으로는 이러한 회계 이슈에 대해 두려움 없이 접근할 수 있도록 한다. 물론 알쏭달쏭한 회계처리들을 다루었지만 결코 사전적 회계지식 없이도 충분히 이해할 수 있다.

6장

알쏭달쏭한
회계처리들

바이오 기업의 연구개발비, 왜 주목해야 하나요?

▶ **저자직강 동영상 강의로 이해 쏙쏙**
QR코드를 스캔하셔서 동영상 강의를 보시고
이 칼럼을 읽으시면 훨씬 이해가 잘됩니다!

　　바이오 기업이나 플랫폼 기업 등 성장산업에 속하는 기업의 경우 특히 연구개발을 위한 지출이 막대합니다. 그래서 이러한 연구개발비*에 대한 회계처리에 따라 기업의 자산과 이익에 미치는 영향 또한 막대합니다.

> **연구개발비**
>
> 신제품이나 신기술 등의 개발과 관련해 발생한 지출인데, 미래의 경제적 효익을 기대할 수 있어 연구개발비라는 무형자산으로 기록한다

　　K-IFRS에 의하면, '연구개발비에 대해 기술적 실현 가능성 등 특정 요건을 충족하는 경우에는 무형자산으로, 충족하지 못하는 경우에는 비용으로 인식한다'라고 규정합니다. 즉 연구개발지출에 대해 향후 기술이 실현되어 상업화가 가능하게 되는 등 소위 '자산성'이 있으면 무형자산으로, 그렇지 않으면 비용으로 인식하도록 하고 있습니다.

문제는 이러한 자산성에 대한 판단을 회사가 전적으로 하도록 하고 있으므로 회사의 방침과 회계처리에 따라 연구개발비 중 무형자산으로 계상되는 비율이 모두 다르다는 것입니다.

연구개발비 회계처리에 따라 이익이 달라진다

회사가 연구개발투자를 수행하는 경우 회사의 방침에 따라 '개발비'라는 무형자산으로 계상할 수도 있고, 또는 각종 연구개발비 항목의 비용으로 계상할 수도 있습니다. 즉 회사의 회계처리에 따라 무형자산이 될 수도 있고 비용이 될 수도 있습니다. 만약 연구개발비가 자산으로 분류되면 상대적으로 당해 이익이 커지므로 당해 실적이 좋아집니다.

2018년초에 이러한 연구개발비 회계처리에 대해 시장의 반향이 뜨거웠습니다. 그 계기는 2018년 1월 29일 금융감독원이 제약 바이오 기업의 연구개발비 회계 처리를 놓고서 감리에 나서기로 했기 때문입니다.

바이오 기업의 대표적 기업인 셀트리온은 2017년도 매출 8,289억원의 잠정실적을 발표해 시장을 놀라게 했습니다. 당시 2017년도 기준으로 2,250억원의 연구개발지출액 중 약 65%인 1,454억원을 무형자산으로 계상하고 있었습니다. 참고로 플랫폼 기업의 대표적 기업인 카카오의 경우 2017년도 기준으로 2,967억원의 연구개발지출액 중 약 15%만을 무형자산으로 계상했고 나머지를 모두 비용처리했습니다. 물론 산업별로 차이가 있지만, 바이오 기업은 다른 산업군과 비교해 연구개발지출액을 과다하게 무형자산으로 계상한다는 비판이 제기되어 왔습니다.

영업이익률

영업이익 대신 '영업이익률(=영업이익/매출액)'을 사용하면 기업의 규모와 상관없이 기업들의 실적을 효과적으로 비교할 수 있다

당시 도이체방크는 "셀트리온이 무형자산으로 처리한 연구개발비를 비용으로 인식한다면, 2016년 기준으로 셀트리온의 영업이익률[*]은 57%가 아닌 30% 수준이 될 것"이라 분석했습니다. 또한 "셀트리온은 연구개발비 자산 처리 비중이 글로벌 제약사보다 훨씬 높다"며 "셀트리온은 임상 3상 단계부터 비용을 자산화하지만 미국 유럽 제약사는 정부 허가 단계부터 자산화한다"고 지적하기도 했습니다.

이러한 실적 부풀리기 논란에 대해 당시 김형기 셀트리온 대표는 "바이오시밀러는 레퍼런스(특허가 끝난 약)와의 비교를 통해 물질 및 구조분석을 하면 임상 성공 여부를 알 수 있다. 게다가 셀트리온이 지금까지 개발한 바이오시밀러는 100% 성공했다"라고 바이오시밀러와 관련된 연구개발지출의 자산성이 인정되므로 회계처리에 문제가 없다고 언급했습니다. (김형기 셀트리온 대표 "연구개발비 자산 처리 회계법상 문제 없다" 2018년 2월 1일, 중앙일보 강기헌 기자.)

바이오 업계는 개발중인 제품별 특징을 고려할 것을 주장하고 있습니다. 상업화 가능성은 신약보다 바이오시밀러가 더 높기 때문에 제품 성공화 가능성이 확보되면, 그때부터 연구개발비를 자산으로 분류하는 게 가능하다는 것입니다. 이와 관련해 셀트리온 김형기 대표는 "우리도 독감 치료제 등 신약을 개발하고 있다. 독감 치료제는 임상 2상 중인데 이걸 우리 회사가 자의적으로 성공 확률을 따져 자산화했다고 하면 이건 바르지 않다. 신약 개발에 들어가는 연구개발비는 모두 비용으로 처리한다"고 밝혔습니다.

연구개발비를
비용으로 인식하는 비율을 살펴본다

당시 바이오시밀러 사업을 영위하는 곳은 삼성바이오로직스, 이수앱지스, 팬젠, 알테오젠 등이 있었습니다. 이들 바이오시밀러 상장사 가운데 삼성바이오로직스와 알테오젠은 연구개발비 전액을 곧바로 비용처리하고 있습니다. 이들 기업은 셀트리온과 비교해 원칙적으로 연구개발비 전액을 비용으로 인식하기 때문에 상대적으로 이익은 적게 인식됩니다.

삼성바이오로직스의 최근까지 연구개발지출을 살펴봅시다. 2020년(제10기)의 연구개발지출액은 약 786억원이고, 동 지출액 중 개발비라는 자산으로 기록한 금액은 없습니다. 이익이 매우 보수적으로 보고된다고 볼 수 있습니다.

㈜삼성바이오로직스의 연구개발지출

(단위: 천원, %)

구분		2020년도 (제10기)	2019년도 (제9기)	2018년도 (제8기)	2017년도 (제7기)
비용의 성격별 분류	원재료비	19,256,537	11,347,154	5,057,275	3,058,585
	인건비	35,711,736	24,761,503	13,237,550	9,489,184
	감가상각비	10,475,256	5,644,472	3,153,938	1,672,240
	외주용역비	–	–	–	–
	기타	13,121,038	6,754,445	3,013,382	1,706,691
	연구개발비용 합계	78,564,567	48,507,574	24,462,145	15,926,700
회계처리 내역	판매관리비	5,105,829	–	–	–
	제조경비	73,458,738	48,507,574	24,462,145	15,926,700
	개발비(무형자산)	–	–	–	–
	연구개발비용 계	78,564,567	48,507,574	24,462,145	15,926,700
연구개발비/매출액 비율 [연구개발비용 합계 / 당기매출액*100]		6.7%	6.9%	4.6%	3.4%

출처: ㈜삼성바이오로직스의 사업보고서 상 II. 사업의 내용 중 10번 연구개발활동

이와 같이 연구개발지출은 '자산이냐 아니면 비용이냐' 하는 문제가 있습니다. 회사가 연구개발지출을 무형자산(개발비)으로 분류하면 상대적으로 당해 이익이 커집니다. 반면 비용으로 분류하면 당해 이익은 상대적으로 작아집니다.

물론 동 연구개발지출이 자산성, 즉 미래에 경제적 효익을 가져다줄 것인지에 대한 판단은 전적으로 회사의 방침에 따릅니다. 그렇지만 회사가 대규모 연구개발지출에 대해 높은 비율의 자산 계상을 한다면, 그렇지 않은 회사보다 이익이 과다하게 계상되고 이런 경우 이익의 질이 떨어진다고 할 수 있습니다. 그래서 동일한 이익에 대해서도 동일하게 판단하면 안 됩니다.

 재무제표 초보자를 위한 꿀팁!

바이오 기업의 경우 연구개발지출이 막대합니다. 연구개발비를 자산으로 처리하느냐 아니면 비용으로 처리하느냐에 따라 기업의 이익은 확연히 달라집니다. 삼성바이오로직스의 경우 연구개발비를 전액 비용처리하므로 이익이 보수적이라고 할 수 있습니다.

기업이 투자를 많이 하면 왜 감가상각비가 늘어나죠?

기업이 투자한다는 말은 재무제표에서는 무얼 말할까요? 대부분 투자자는 "기업이 투자한다"는 말을 많이 사용하지만 재무제표 상에는 어떻게 나타나는지 잘 모르는 경우가 많습니다.

아주 쉽게 말하면 "기업이 투자한다"라 하는 것은 유·무형의 각종 자산을 취득하는 것을 말합니다. 즉 기업의 자금을 사용해 건물, 공장, 기계 등의 유형자산, M&A 또는 지분투자*와 같은 목적의 주식, 특허권 등 무형자산을 취득하는 것을 말합니다.

지분투자

특정기업에 대한 지분을 취득해 관계기업이나 종속기업으로 편입한 경우, 상호 영업시너지 창출이 가능할 수 있다

여기서 잠시 자금유출과 유입 관점에서 재무상태표를 살펴봅시다. 재무상태표의 차변은

회사가 자금을 투자한 내역입니다. 그동안 현금을 지출했는데, 어떤 형태로든 남아있는 내역입니다. 만약 회사에 남아 있는 게 없으면 그건 투자가 아니라 소모입니다. 반면 재무상태표의 대변은 회사가 자금을 조달한 내역입니다. 이 경우 채권자로부터 자금을 조달할 수 있고, 주주로부터 자금을 조달할 수 있습니다.

그래서 회사가 자금을 조달하면 재무상태표의 대변에 나타나고, 그 자금을 사용해 각종 자산을 취득하면 재무상태표의 차변에 나타납니다.

모든 자산의 쓰임새는
시간이 지나면 소멸하기 마련이다

기업이 자금을 투입해 자산을 취득했다면 그 자산의 경제적 효익만큼의 대가를 지불했을 것이고, 그러한 가치가 재무상태표의 차변에 기록됩니다.

그런데 지금까지 쓰임새가 있었던 어떤 자산이 앞으로 쓰임새가 사라져 미래에 경제적 효익을 가져다주지 않는다면 어떻게 해야 할까요? 모든 자산의 쓰임새, 즉 경제적 효익은 결국 언젠가는 소멸하기 마련입니다. 이처럼 경제적 효익이 소멸하면 그만큼의 가치를 감소시켜야 하는데, 이때는 회계 관점에서 자산을 감소시키면서 감소분만큼 손실로 보아 비용을 인식합니다.

이때는 별다른 현금이 지출되지 않으므로 단지 장부상에서만 비용이 됩니다. 좀 어려운 개념이지만, 자산은 쓰임새가 있어야 하는데 그 쓰임새가 다해 가치가 떨어진다면 그 감소분만큼은 비용으로 전환한다고 생각합시다.

대부분의 자산은 기간이 지나면서 그 가치가 감소하거나 소멸하게 됩니다. 매년 이러한 가치 감소분을 회계 관점에서 인위적으로 비용으로 인식하는 것을 '감가상각비'라 합니다. 대부분의 자산은 이와 같이 매년 감가상각비로 가치감소분을 인식합니다. 따라서 어떤 해에 신규 자산을 취득해 자산이 늘어나게 되면 매년 인식할 감가상각비는 자연적으로 늘어납니다.

예를 들어, 회사가 '자동차'를 올해 초 5천만원에 취득했는데 앞으로 10년 정도 쓰면 쓰임새가 없어진다고 해봅시다. 물론 이러한 사용기간은 회사가 판단합니다. 이 경우 올해 초 취득한 자동차를 총 10년 동안 쓸 수 있으므로, 올해 말이면 1년이 지나 10분의 1만큼 그 가치가 감소되므로 500만원을 감가상각비라는 비용으로 인식합니다. 다음 해 말에도 그 이후에도 마찬가지로 매년 500만원을 감가상각비로 인식하게 됩니다.

결국 기업이 신규 자산을 취득하는 등 투자를 많이 할수록 관련 자산이 늘어나게 되고, 이에 따라 매년 인식할 감가상각비는 자연적으로 늘어납니다. 통상 투자를 많이 하게 되면 이에 대한 자금이 필요할 것이고, 이에 따라 돈을 빌리면 이자비용이 많이 발생하게 됩니다. 동시에 신규 자산을 취득하면 감가상각비가 늘어나게 됩니다. 결론은 신규 투자를 많이 할수록 발생하는 비용은 이자비용과 감가상각비가 됩니다.

 재무제표 초보자를 위한 꿀팁!

기업이 투자를 많이 할수록 관련 자산이 늘어나게 되고, 이에 따라 매년 인식할 감가상각비는 자연적으로 늘어납니다. 감가상각비는 현금유출이 없는 회계 상의 문제이지만, 감가상각비가 늘어나면 이익은 분명히 감소합니다.

질문 TOP 47

매출채권이 늘어나면 종지 않다는데 왜 그렇죠?

매출은 '현금매출'과 '외상매출'로 구성됩니다. 외상매출이 늘어나면 매출채권이 늘어나는 것을 의미합니다. 물론 매출이 급증해 매출채권도 급증한다면 정상적입니다. 그렇지만 매출이 정체되고 있는데 매출채권만 급증한다면 외상매출금의 회수가 늦어지는 것입니다. 물론 거래처의 자금사정 때문일 수도 있고 다양한 원인이 있을 것입니다.

그런데 만약 소위 '밀어넣기'* 등의 방법이나 내년도 매출을 올해로 끌어오는 방식 등으

밀어넣기

특정 고객사나 특수관계자에게 구매품목과 수량을 더 끼워서 주문하도록 하거나, 당해 매출로 일단 해놓고 내년도에 매출취소하는 행태를 말한다

가공매출

실제 매출이라기보다는 매출실적을 높이기 위해 특정 고객사나 특수관계자와의 허위거래를 통해 인위적으로 계상한 매출을 말한다

로, 회사가 일종의 가공매출*을 잡는 상황일 수도 있습니다. 회사가 적자 상황을 회피해야만 하는 상황일 경우는 대단히 심각한 상황으로 볼 수 있습니다.

매출채권이 급증하면
매출 자체가 의심된다

좀더 자세히 매출채권이 급증하는 상황에 대해 알아보겠습니다. 우선 간단한 아래의 매출 등식을 보죠.

매출 = 현금매출 + 외상매출

위 등식은 매출이 현금매출과 외상매출의 합계라는 당연한 사실입니다. 기업이 제품이나 상품을 팔 때, 현금으로 팔거나 또는 매출채권 등을 받고 외상으로 팔 수 있습니다. 우리가 흔히 카드로 결제하는 경우는 기업 측면에서는 외상매출입니다.

기업마다 나름대로 영업관행이 있기 때문에 통상 현금매출과 외상매출의 비율이 일정합니다. 문제는 기존의 현금매출과 외상매출의 비율이 깨지는 경우입니다. 이렇게 현금매출과 외상매출의 비율이 깨지면, 재무상태표에 이상현상이 포착됩니다.

그러한 이상현상은 무엇일까요? 그것은 바로 외상매출 비율의 급증입니다. 그로 인해 매출채권이 급증하는 것입니다.

물론 매출이 급증해 매출채권도 급증한다면 정상적입니다. 그러나 매출이 정체되고 있는데 매출채권만 급증한다면 외상매출금의 회수가 늦어지는 것입니다. 거래처의 자금사정 때문일 수도 있고 다양한 원인이 물론 있을 것이지만, 그게 아니라 회사가 일종의 가공매출을 잡는 상황일 가능성도 큽니다.

그런 경우 '매출이 그만큼 증가하고 있는가?'를 살펴볼 필요가 있습니다. 매출채권 증감률과 매출 증감률을 비교하는 것이 방법 중의 하나입니다. 만약 매출채권과 매출이 엇비슷하게 증가한다면 문제가 아니겠지만, 매출이 정체되는데 매출채권만 급증한다면 문제의 소지가 있습니다.

아래는 ㈜XX화학의 사례입니다. 매출채권과 매출액의 증감을 확인해 보죠.

㈜XX화학의 매출채권과 매출

(단위: 백만원)

	제48기(2015년)	제49기(2016년)	증감률
매출액	250,019	286,513	14.6%
매출채권	26,715	40,281	50.8%

출처: ㈜XX화학의 사업보고서 상 연결재무제표

위 자료는 2016년도와 전기를 비교한 것입니다. 동사의 2016년 매출액은 2,867억원으로 전기대비 14.6% 증가했습니다. 이때 매출채권은 전기대비 50.8% 증가했습니다. 이 경우는 매출 증감률의 약 3배 정도의 증가가 이루어지는 경우이므로 회사가 처한 제반 상황을 검토해볼 필요가 큽니다.

회사가 처한 상황을 가장 진실하게 보여주는 것이 바로 '영업활동현금흐름'입니다. 금고 속의 현금은 속일 수가 없으므로, 영업활동현금흐름의 수치는 진실합니다. 영업활동현금흐름은 영업활동으로 순수하게 벌어들인 현금의 개념으로 보면 됩니다.

아래에서 ㈜XX화학의 2016년도 영업활동현금흐름을 살펴보죠.

㈜XX화학의 영업활동현금흐름

(단위: 백만원)

	제48기(2015년)	제49기(2016년)	증감률
매출액	250,019	286,513	14.6%
매출채권	26,715	40,281	50.8%
영업활동현금흐름	-2,074	-16,849	-712.4%

출처: ㈜XX화학의 사업보고서 상 연결재무제표

위 표를 보면 동사의 2016년 영업활동현금흐름은 -168억원으로 전기 대비 712.4% 감소했습니다. 즉 매출액은 소폭 증가하고 있는데, 매출채권은 다소 큰 비율로 증가하고 영업활동현금흐름은 상당히 악화되고 있음을 보여줍니다. 즉 회사가 처한 상황이 좋지 않은 상태에서 매출채권이 비교적 큰 폭으로 증가한 것으로 볼 수 있습니다.

물론 이러한 장부 상의 몇 가지 수치만으로 회사의 회계처리를 무작정 의심해서는 안 됩니다. 이러한 회계의 적정성의 최종적인 검토는 감사를 맡은 공인회계사가 할 일이고, 우리는 업황이 매출수치만큼은 좋지 않을 수 있다는 것 정도만 생각하면 됩니다. 즉 매출이 정체되어 있는데, 매출채권이 급증하면 '업황이 생각만큼 좋지 않다'라는 정도로만 인식하면 됩니다.

 재무제표 초보자를 위한 꿀팁!

매출이 정체되고 있는데 매출채권만 급증한다면 외상매출금의 회수가 늦어지는 것입니다. 거래처의 자금사정 때문일 수도 있고 다양한 원인이 있겠지만, 만약 회사가 일종의 가공매출을 잡는 상황이라면 당장 피해야 합니다.

질문 TOP 48

재고자산이 늘어나면 이익이 늘어나나요?

재고자산이 늘어나면 이익이 늘어난다는 역설은 실제로 가능합니다. 이는 물건이 안 팔려 창고에 재고자산이 쌓이고 있는데도 이에 반해 이익이 늘어난다는 얘기입니다. 이것은 매출원가를 인식하는 현행 회계방식 때문에 가능합니다.

매출원가를 인식하는 과정을 알고 나면 그리 복잡한 얘기는 아닙니다. 우선 기업이 제품을 생산해서 창고 등에 재고로 비축해놓습니다. 이후 소비자가 주문하면 비축해놓은 제품을 판매합니다. 이때 판매된 제품의 원가만을 매출원가로 인식하게 됩니다. 즉 창고 등에 쌓여 있는 재고자산은 그대로 자산으로 기록되어 있을 뿐, 매출원가와는 당장은 관련이 없습니다.

대다수 기업의 회계처리 방식에 따르면, 제품을 생산해 재고로 쌓아놓았

290

다가 판매된 재고분에 대해서만 매출원가로 기록하게 됩니다. 이러한 관행으로 보면, 매출원가는 기말에 단 한 번만 계산합니다. 창고에 가서 팔리지 않고 쌓여 있는 재고의 수를 계산해 이들의 원가를 산정해 기말재고액을 우선 결정한 후, 생산(매입)한 상품에서 기말재고액을 차감해 '매출원가'를 역산하는 것입니다. 따라서 다른 조건이 동일하다면, 재고자산이 늘어나면 매출원가는 자동적으로 줄어들게 됩니다.

제품을 생산해 창고 등 재고로 쌓아놓았다가 판매된 재고분에 대해서만 매출원가로 기록하는 과정은 다음의 등식으로 표현할 수 있습니다. 이를 '재고자산 등식'이라 부릅니다.

> **기초재고 + 당기매입 = 매출원가 + 기말재고**

왼쪽 편의 '기초재고*+당기매입'은 '기초에 만들어놓은 재고'와 '당기에 생산한 재고'를 합한 금액입니다. 당연히 2개의 합이 판매가능한 재고입니다. 오른 편의 '매출원가+기말재고'는 '판매가 된 재고(매출원가)'와 '기말까지 여전히 판매되지 않고 창고에 쌓아놓은 재고'입니다.

위 등식의 왼편인 판매 가능한 재고는 일정하므로, 오른편에서 기말재고가 늘어나면 자동적으로 매출원가는 줄어듭니다. 그래서 창고에 팔리지 않고 쌓여 있는 재고자산이 늘어나면 매출원가는 줄어들게 되는 것입니다.

기초재고

기초에 남아 있는 판매 가능한 상품, 제품 등을 말한다. 한편 제품의 생산과정 중에 있는 기초의 원재료, 재공품 등도 기초재고에 포함된다

관리종목지정시 상황보다
더 나빠지면 상장폐지된다

창고에 팔리지 않고 쌓여 있는 재고자산이 늘어나면 매출원가는 줄어들고, 결국 그만큼의 이익은 증가합니다. 극단적인 경우 기말재고가 갑자기 급증하면 어떻게 될까요? 그렇게 되면 매출원가가 급감해 그만큼 영업이익이 급증합니다.

㈜XXX화학의 재고자산와 영업이익

(단위: 백만원)

	제49기(2016년)	제50기(2017년)	증감액	증감률
매출액	286,513	431,646		50.7%
매출원가	271,804	382,993		40.9%
영업이익(손실)	(13,980)	20,675	34,655	흑자전환
영업이익률	-4.9%	4.8%		
재고자산	29,728	59,095	29,367	98.8%

출처: ㈜XX화학의 사업보고서 상 연결재무제표

㈜XXX화학의 2017년 영업이익을 살펴보죠. 위 표를 보면, 동사는 2016년에 140억원 상당의 영업적자를 냈는데, 다음 해(2017년)에는 207억원의 영업흑자를 거둬 반전을 이루어냈습니다. 약 347억원의 영업이익이 증가한 것입니다.

물론 이러한 반전에는 다양한 요인이 있겠지만, 여기서는 재고자산의 증분과 연결지어보겠습니다. 2016년에 297억원의 (기말)재고자산이 다음 해에는 591억원이 되었습니다. 재고자산이 전기대비 294억원이 증가해 98.8%에 가까운 증가율을 보였습니다.

재고자산 증가액 294억원은 영업이익 증가액 347억원과 규모면에서 상당히 유사합니다. 통상 재고자산이 증가하는 만큼 매출원가는 줄어들고 그만큼은 영업이익이 늘어납니다. 당시 140억원의 영업적자 상황에서 동 재고자산 증가액(294억원)은 매우 긴요합니다.

엄청난 함정이 바로 여기에 있습니다. 물건이 안 팔려서 기말재고가 급증하는데 매출원가는 급감하게 되고, 이로 인해 영업이익이 좋아지는 아이러니가 있는 것입니다.

물론 회사의 매출액이 동시에 급감하고 있다면 그건 문제가 없습니다. 매출과 매출원가가 동시에 감소하게 되므로, 영업이익도 당연히 악화됩니다. 즉 영업이익 지표가 회사의 영업상황이 극히 좋지 않다는 사실을 정확히 말해주기 때문입니다.

그런데 특정 고객에게 소위 '밀어넣기' 등의 방법이나 내년도 매출을 올해로 끌어오는 방식 등으로 회사가 매출액을 근근히 유지시키려고 한다면 어떤 상황이 펼쳐질까요? 다름 아닌 함정에 걸리게 됩니다. 매출은 정체되면서(소폭 감소하면서), 기말재고가 급증하니 매출원가가 급감해 영업이익이 대폭 증가합니다. 회사의 업황이 실제로는 좋지 않은데, 회사의 이익실적*은 대폭 증가하니 엄청난 호재입니다. 혹시라도 그게 창사 이래 최대 이익이라면

> **이익실적**
>
> 회사의 경영성과는 영업이익, 당기순이익 등의 이익수치로 파악하는데 이러한 의미로 이익실적이라는 표현을 사용한다

일종의 코미디입니다.

정리하면 다음과 같습니다. 영업(판매)이 잘 안 되어서 재고자산이 창고에 계속 쌓이는 경우입니다. 과도한 기말재고 때문에 매출원가가 급감해 영업이익이 급증할 수 있습니다.

 재무제표 초보자를 위한 꿀팁!

창고에 팔리지 않고 쌓여있는 재고자산이 늘어나게 되면, 매출원가가 줄어들어 결국 그만큼의 이익은 증가하게 되는 역설이 있습니다. 그래서 재무제표를 볼 때 재고자산이 급증했는지를 반드시 살펴봐야 합니다.

질문 TOP 49

자산을 매년 말에 왜 다시 평가를 하죠?

기업이 자산을 한 번 구입하면 그 취득가액으로 기록하면 되지, 왜 매년 말 다시 평가를 해야 하는지에 대해 의외로 많은 투자자들이 궁금해합니다.

이러한 궁금증을 해소하기 위해서는 재무상태표가 매우 중요한 전제를 가지고 있다는 점을 알아야 합니다. 그것은 바로 회사의 자산과 부채 모두를 기말 현재의 공정가치 혹은 시가로 정확히 반영하고 있어야 한다는 것입니다.

재무상태표 상의 자산은 기말 현재의 공정가치를 충분히 잘 반영하고 있어야 합니다. 따라서 매년 말 자산과 부채를 공정가치 또는 시가로 다시 평가해, 만약 현저하게 그 가치가 하락한 경우는 재고자산평가손실, 유형자산손상차손 및 무형자산손상차손 등 해당 비용을 인식하게 됩니다.

경제적 가치
사용가치나 교환가치 등의 재
산적 가치를 의미한다

이번에는 어떤 자산이 '손상'되는 경우를 봅시다. '자산손상'은 시장가치의 급격한 하락 등으로 어떤 자산의 경제적 가치*가 현저히 낮아지는 경우를 의미합니다.

예를 들어, 어떤 회사가 중고시장에서 올해 5천만원에 취득한 업무용 자동차의 시세가 현저히 하락해 올해 말 시세가 2천만원이 되었다고 해봅시다. 이 경우 통상적인 감가상각비를 인식하고도 중고자동차의 시세가 현저히 하락했고 회복이 쉽지 않다고 보면, 회사는 그 가치하락분만큼 유형자산손상차손이라는 비용으로 인식해야 합니다.

회사의 판단에 따라
평가손이 다르다

그런데 회사의 자산을 평가할 때, 기말 현재 공정가치와 시가를 평가함에 있어 회사의 판단에 따르므로, 동일한 자산에 대해 어떤 기업은 평가손을 인식할 수 있고 다른 기업은 평가손을 인식하지 않을 수도 있습니다.

회사가 정책적으로 자산을 보수적으로 평가하는 경우는 통상적으로 이러한 재고자산평가손실, 유형자산손상차손 및 무형자산손상차손 등의 비용이 커집니다. 반면에 회사가 통상적으로 자산을 높게 평가하는 경우는 그러한 비용이 작거나 발생하지 않기도 합니다.

회사가 보유한 자산을 보수적으로 평가해, 비용을 크게 인식하는 대표적 회사가 바로 ㈜카카오입니다. 2019년과 2020년 모두 무형자산 중 영업권의 가치를 재평가해 막대한 비용을 인식합니다. 이로 인해 심지어 영업상 흑자이지만 당기순손실을 기록하기도 합니다.

심지어 평가손이
당기 적자를 유발하기도 한다

㈜카카오의 연결손익계산서

(단위: 억원)

	2016년	2017년	2018년	2019년
매출액	14,642	19,723	24,170	30,701
영업비용	13,481	18,069	23,440	28,633
영업이익(손실)	**1,161**	**1,654**	**729**	**2,068**
기타수익	253	362	745	738
기타비용	314	906	858	5,214
금융수익	247	789	1,125	704
금융비용	240	457	501	440
지분법이익	10	265	323	115
지분법손실	114	174	256	313
법인세비용차감전순이익(손실)	**1,003**	**1,533**	**1,307**	**-2,343**
법인세비용	348	282	1,148	1,077
당기순이익(손실)	**655**	**1,251**	**159**	**-3,419**
지배주주순이익(손실)	**577**	**1,086**	**479**	**-3,010**
비지배주주순이익(손실)	78	165	-320	-409

출처: ㈜카카오의 2016~2019년도 사업보고서 상 연결손익계산서

㈜카카오의 2019년 실적을 보면, 2019년도 영업이익은 2,068억원, 당기순손실 −3,419억원입니다. 지배주주순손실은 −3,010억원을 기록합니다. 그 특징은 당기순이익이 대규모 적자를 기록하고 있다는 점입니다.

특히 푸른색 표시 부분인 2019년의 '기타비용'에 주목해야 합니다.

(단위: 천원)

<기타비용>		
유형자산처분손실	1,244,740	355,272
무형자산처분손실	1,836,247	324,048
유형자산폐기손실	578,180	622,821
유형자산손상차손	57,037	–
무형자산손상차손	440,322,518 ◀ - - -	8,319,784
기타자산손상차손	1,378,016	2,871,283
지분법주식손상차손	25,876,435	36,747,453
지분법주식처분손실	4,677,695	2,164,578
종속기업투자주식처분손실	32,070	565,146
기부금	4,651,477	6,492,807
지급수수료	5,187,733	5,978,069
외환차손	1,803,638	1,607,073
외화환산손실	923,971	81,398
잡손실	28,003,695	15,830,987
기타의대손상각비	2,072,728	3,760,762
매출채권처분손실	3,277	–
기타	2,762,941	50,298
기타비용 계	521,412,398	85,771,779

출처: ㈜카카오의 사업보고서 상 연결재무제표 주석 33번

5,214억원이라는 엄청난 금액입니다. 전년도나 과거에는 나타나지 않는 급증한 비용으로 사실상 적자를 유발한 항목이라 볼 수 있습니다.

㈜카카오의 2019년 연결재무제표의 주석을 보면 '기타비용'의 내역이 제시됩니다. 위의 표를 보면, 기타비용의 내역 중 다른 항목은 전기대비 특이사항이 없는데, '무형자산손상차손'이 2018년 83억원에서 2019년 4,403억원으로 비이상적으로 급증합니다.

㈜카카오는 연결재무제표 주석에 이러한 무형자산손상차손에 대해서 상세히 기술하고 있습니다. 무형자산손상차손 중 대부분이 영업권손상차손*

이고 그 금액은 무려 3,527억원입니다. 즉 연간 기타비용 5,217억 중 많은 부분이 무형자산손상차손 중 영업권손상차손이라는 것을 알수 있습니다.

다소 복잡한 내용이지만, 상대기업을 인수합병하면서 일종의 프리미엄을 주고 사게 되는데, 이때 프리미엄이 영업권입니다. 이러한 영업권은 그 가치의 현저한 하락이 예상되는 경우 손상차손을 인식합니다. 그렇지만 손상차손 자체는 현금의 유출이 없는 단순한 회계장부 상의 손실일 뿐입니다.

영업권손상차손

영업권의 공정가치(회수가능금액)가 장기간 회복 불가능하다고 판단할 경우에 그 하락분만큼 손실(비용)로 인식한다

어쨌든 회사는 회계정책과 방침에 따라 매년말 자산을 각자에 따라 판단해 비용을 인식합니다. 이 경우 매우 보수적으로 회계처리하는 회사의 경우는 그만큼 이익을 적게 보고합니다. 이러한 경우는 소위 이익의 질이 매우 높다고 볼 수 있습니다. 투자자는 회사가 보고하는 이익의 질을 정확히 판단해야 주가를 합리적으로 예측할 수 있습니다.

재무제표 초보자를 위한 꿀팁!

재무상태표 상의 자산은 기말 현재의 공정가치를 충분히 잘 반영하고 있어야 합니다. 만약에 그 공정가치가 현저히 하락한 경우는 각종 손상차손을 인식하게 됩니다. 그런데 회사가 극히 보수적인 회계처리를 한 것이라면 그리 나쁜 시그널은 아닙니다.

질문
TOP
50

왜 관리종목 지정이나
상장폐지가 되나요?

기업은 코스피 혹은 코스닥 시장에 상장시키면서 대규모 자본의 유입을 통해 큰 성장을 도모합니다. 대규모 자금조달로 기존사업의 확장을 꾀할 수 있고, 나아가 그동안 준비해왔던 신규사업에 박차를 가할 수도 있습니다.

기업이 상장되어 영업활동을 수행하다가 영업실적 부진 등의 사유로 상장폐지의 위험에 직면할 수 있습니다. 상장폐지는 해당 주식이 상장적격성을 상실해 더 이상 상장주식시장에서 거래될 수 없음을 의미합니다. 상장폐지가 되더라도 회사의 주권은 그대로 유지되기는 하지만, 이미 회사가 상장폐지의 지경까지 이르렀다는 것은 앞으로 부도가 나서 문을 닫거나 감자 등을 통해 자본금을 줄여야 함을 의미합니다. 상장폐지가 되기 전에는 정리매매 기간이 주어지는데, 이때 가격은 소위 '휴지조각'이라 불릴 만큼 거의 바

300

닥까지 내려가기도 합니다.

다만 상장폐지 사유가 발생한 경우, 당장 거래를 중지시키는 것은 아닙니다. 일정기간 '관리종목'으로 지정해 투자자에게 주의를 환기시키고 기업에게는 이러한 사유를 해소할 수 있는 기회를 줍니다. 그렇지만 투자자로선 자신이 투자한 종목이 관리종목으로 지정되면 주가하락으로 인한 상당한 손실이 불가피합니다.

관리종목 지정과 상장폐지 조건을 알아야 큰 손실을 피할 수 있다

투자자가 막대한 투자손실을 예방하려면 투자 종목이 관리종목으로 지정되거나 심각한 경우 상장폐지를 당하는 사태를 미리 피해야 합니다. 이를 위해선 우선 관리종목 지정요건과 상장폐지요건에 대해 정확히 인지하고 있어야 합니다. 그래야 이와 비슷한 상황이 오고 있다는 시그널을 사전에 감지할 수 있습니다.

코스피와 코스닥 시장은 각각 관리종목 지정요건과 상장폐지요건을 별도로 두고 있습니다. 정기사업보고서 미제출, 감사인 의견미달, 공시의무 위반, 지배구조 위반, 시가총액 미달 등의 다양한 사유가 있지만, 여기서는 재무적 부분에서 중요한 사유를 중심으로 알아봅시다.

우선 관리종목 지정사유를 보죠. 코스피 시장에서는 자본금 50% 이상 잠식된 경우에 관리종목으로 지정합니다. 영업손실이 누적되면 자본을 줄여가야 하는데 사태의 심각성으로 자본금의 50% 이상까지 잠식된 경우를 말합니다. 복잡한 내용같지만 기업의 영업손실이 누적적으로 심각한 경우라 보면 됩니다.

코스닥 시장에서는 관리종목 지정사유가 보다 다양합니다. 자본금이 50% 이상 잠식된 경우는 동일하게 관리종목으로 지정합니다. 또한 최근 4개 사업년도 동안 영업손실이 지속된 경우에 지정합니다. 이 경우 영업이익에 특히 집중하면 되는데, 3개년 동안 영업적자가 지속되면 다음 연도는 관리종목으로 지정될 가능성이 매우 높다는 점입니다. 이러한 상황에서는 당연히 자본금 상황도 나쁩니다.

많은 투자자들은 영업적자가 몇 년간 지속되는데도 테마주라는 이유로 주가급등을 염두에 두고 투자를 감행하는데, 이는 상당히 위험한 투자행위입니다. 테마주라는 거품을 거둬내면 거기에 관리종목 지정이라는 엄청난 위험이 도사리고 있는 것입니다.

상장폐지는
관리종목지정사유에서 강화된다

상장폐지사유는 관리종목지정사유보다 더욱 나쁜 재무적 상황을 의미합니다. 코스피 시장의 상장폐지요건을 보면, 자본금 50% 이상 잠식이 2년 동안 지속될 경우나 자본금이 완전 잠식될 경우입니다. 앞서 말했듯 자본금 50% 이상이 잠식된 경우 관리종목으로 지정되는데, 이후 연도에도 지속적으로 이러한 상황이 유지되면 상장폐지가 되는 것입니다. 또는 적자가 심각해 자본금이 완전 잠식되는 상황이면 상장폐지가 됩니다.

코스닥 시장에서도 관리종목 지정사유보다 나쁜 상황에서 상장폐지가 됩니다. 자본금 50% 이상 잠식된 이후 사업년도말 자본잠식률 50% 이상인 경우 등이나 완전 자본잠식의 경우입니다. 또한 최근 5개 사업년도 동안 영업손실이 지속된 경우 등입니다. 최근 4개 사업연도 동안 영업적자가 지속되다가 다음 연도도 적자가 이어지면 상장폐지가 되는 것입니다.

영업손실을 체크해 미연에 위험을 피해야 한다

코스피종목이든 코스닥종목이든 중요한 것은 적자가 연속으로 발생하면 자본도 잠식되고 관리종목지정 또는 상장폐지라는 극도로 위험한 상황까지 직면하게 된다는 점입니다. 따라서 투자자는 항상 분기별 그리고 연도별 손익계산서에서 영업이익이 적자인지 그렇지 않은지를 살펴보고, 만약 영업손실이면 그러한 상황을 인지하고 투자를 해야 합니다.

중요한 것은 영업손실이 연도별로 누적되는 상황은 향후 관리종목지정 또는 상장폐지의 위험에 직면한다는 사실을 상기하는 것입니다. 많은 투자자들이 이러한 관리종목지정이나 상장폐지요건에 대해 무심합니다. 연속적인 영업적자의 기업임에도 그러한 위험을 인지하지 못하고 주가급등을 쫓아 무심코 들어갔다가는 엄청난 손실을 겪기 마련입니다. 연속적인 영업적자의 위험을 반드시 알고 투자에 임해야 할 것입니다.

만약 여러분의 투자종목이 관리종목으로 지정되거나 상장폐지된다면 복구할 수 없는 엄청난 투자손실을 겪어야 합니다. 그래서 '연속적인 적자

기업'이나 '4개년을 주기로 흑자반전에 성공(?)하는 기업'은 아예 쳐다보지 않는 게 좋습니다. 테마주라는 이유로 혹은 호재성 뉴스로 인해 주가가 급등하기 때문에 이에 동참할 목적으로 이러한 종목에 관심을 가진다면 이미 예고된 엄청난 투자손실을 감내할 각오를 해야 하는 것입니다.

 재무제표 초보자를 위한 꿀팁!

상장기업은 영업적자가 연속해 누적되면 관리종목지정 또는 상장폐지라는 극도로 위험한 상황까지 직면합니다. 단 10초면 영업적자를 확인할 수 있는데, 이를 무시하고 테마주를 쫓아 무심코 들어갔다가는 엄청난 손실을 겪기 마련입니다.

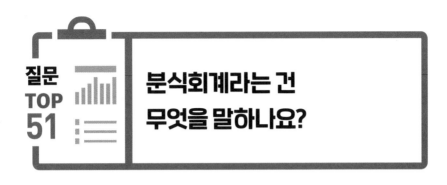

　기업의 영업실적이 나빠지면 당연히 주가는 하락하기 마련입니다. 나아가 영업적자가 지속되면, 앞서 살펴본 것과 같이 상장기업이라면 관리종목으로 지정되거나 상장폐지될 위험이 커집니다.

　'분식회계'란 회사의 실적을 좋게 보이도록 하기 위해 부당한 방법으로 회사의 장부를 조작하는 것으로, 가공의 매출을 기록하거나 비용을 적게 계상하거나 누락시키는 것 등이 이에 해당합니다. 뿐만 아니라 회사의 재정상태를 실제보다 더 좋게 보이려고 자산을 부풀리고 부채를 줄여서 보고하는 것도 해당됩니다.

영업실적을 좋게 보이도록
가공의 매출을 올린다

앞서 코스닥상장 기업은 4년 연속 영업적자를 기록하면 관리종목으로 지정된다고 했습니다. 그래서 계속 영업손실을 내다가 4년마다 영업이익을 내는 기업이 의외로 빈번합니다.

그런데 이에 대한 판단은 연결재무제표가 아닌 별도재무제표(자회사 배제)를 이용합니다. 이 경우 자회사와의 정상적이지 않은 거래를 통해 영업 실적을 부풀리는 방법이 손쉽게 가능합니다. 예를 들어 제품의 원가는 쏙 빼고 오직 가공의 매출을 올리는 방법입니다.

자회사와의 부당한 거래도 이에 속하는 방법이지만, 기업들이 회사의 영업실적을 부풀리는 통상적인 방법은 매출을 부풀리는 것입니다. 매출은 현금매출과 외상매출로 이루어지는데, 실제 매출이 일어나지 않았는데 가공의 매출을 기록해(이 경우 현금수입은 없습니다) 외상매출이 늘어나게 됩니다.

회사가 일종의 가공매출을 잡는 방법은 다양합니다. 소위 '밀어넣기' 등의 방법이나 내년도 매출을 올해로 끌어올 수도 있고, 실제 매출이 없었는데 당해 매출로 올렸다가 내년도에 매출을 취소할 수도 있습니다.

만약 매출이 가공매출과 관련된다면 외상매출이 비이상적으로 급증하므로 매출채권이 급증할 수 있습니다. 기업마다 나름대로 영업관행이 있기 때문에 대체로 현금매출과 외상매출의 비율이 일정합니다. 그런데 매출채권이 급증하면서 기존의 현금매출과 외상매출의 비율이 비이상적으로 깨지면 상당히 의심스런 정황입니다.

물론 매출이 급증해 매출채권도 급증한다면 정상적입니다. 그렇지만 매출이 정체되고 있는데 매출채권만 급증한다면 이는 외상매출금의 회수가 늦어지는 것입니다. 거래처의 자금사정 때문일 수도 있고, 다양한 원인이 물론 있을 것입니다. 그런데 만약 '밀어넣기' 등의 방법이나 내년도 매출을 올해로 끌어오는 방식 등으로 회사가 일종의 가공매출을 잡는 상황일 수도 있습니다. 회사가 적자상황을 회피해야만 하는 상황일 경우는 대단히 심각한 상황으로 볼 수 있습니다.

기말재고를 늘려
이익을 늘릴 수 있다

이번에는 매출원가 쪽을 살펴보겠습니다. 기업이 제품을 만들어서 팔리면 그때 매출원가가 인식됩니다. 즉 판매가 이루어져야 매출원가도 발생하는 것입니다. 만약 만들어놓은 제품이 팔리지 않으면 그만큼의 매출원가도 없습니다.

기업이 제품을 생산해 재고로 쌓아놓았다가 판매된 재고분에 대해서만 매출원가로 기록하는 일반적인 회계관행으로 인해, 기말재고가 창고에 많이 쌓일수록 자연히 매출원가는 보다 줄어듭니다.

매출상황이 좋지 않아서 기말재고가 급증하게 되면 역설적으로 매출원가가 급감하게 되어 그만큼의 영업이익이 증가합니다. 다시 말해 영업(판매)이 잘 안 되어서 재고자산이 창고에 쌓이는데, 팔리지 않은 기말재고 덕분에 매출원가가 급감해 영업이익이 자연히 늘어납니다.

만약 이 경우 회사가 분식회계를 통해 기말재고자산을 조작해 매출원가

등 비용을 보다 줄인다면 가공이익은 실제보다 크게 확대될 수 있습니다.

회사가 영업적자 상황이나 매출 정체상황에 직면할 때 이익을 늘려야만 하는 동기가 강해집니다. 이 경우 가공매출을 통해 매출을 늘리고 재고자산을 부풀려 매출원가를 줄이면, 결국 매출채권 및 재고자산 증가분만큼 영업이익을 늘릴 수 있습니다.

 재무제표 초보자를 위한 꿀팁!

회사가 영업적자 상황이나 매출 정체상황에 직면할 때 이익을 늘려야만 하는 동기가 강해집니다. 이 경우 가공매출을 통해 매출을 늘리거나 기말에 남아 있는 재고자산을 부풀려 이익을 늘릴 수 있습니다.

질문
TOP
52

감사보고서는 재무제표와 다른가요? 뭘 봐야 하나요?

기업은 투자자 및 여러 이해관계자들에게 재산상태와 영업실적 등을 보고하기 위해 기업회계기준에 따라 재무제표를 작성합니다. 기업이 재무제표를 작성하면 공인회계사가 재무제표를 감사해 감사의견을 첨부하게 되는데 이것이 바로 '감사보고서'입니다. 쉽게 말하면 재무제표에 감사의견이 첨부된 것이 감사보고서입니다.

그런데 모든 기업이 발행하는 재무제표에 대해 공인회계사의 감사를 받아야 하는 것은 아닙니다. 어떤 기업들이 공인회계사의 감사를 받은 재무제표를 발행해야 할까요?

우선 코스피와 코스닥 시장에 상장된 기업은 감사를 받아야 합니다. 만약 코스피와 코스닥 시장에 상장된 기업이 아니더라도, 일정 규모 이상의 기업도 역시 감사를 받아야 합니다. 여기서 일정 규모는 다양하게 정의되는데, 예를 들면 자산총액 500억원 이상인 경우가 있습니다.

또 다른 한 예로 자산총액 120억원 이상, 부채총액 70억원 이상, 매출액 100억원 이상, 종업원 수 100명 이상의 네 가지 조건 중 두 가지 이상에 해당하는 경우입니다.

감사의견은 적정의견, 한정의견, 부적정의견, 의견거절이 있다

상장법인과 일정규모 이상의 외부감사 대상기업은 사업보고서에 공인회계사의 감사를 받은 재무제표가 포함된 감사보고서를 첨부해야 합니다. 감사보고서에는 감사의견, 핵심감사사항 및 강조사항 등이 기재됩니다.

투자자는 우선 감사보고서에 기재되는 감사의견을 살펴봐야 합니다. 감사의견에는 적정의견*, 한정의견, 부적정의견, 의견거절까지 총 네 가지가 있습니다. 어떤 이들은 감사의견이 회사의 재무상태나 경영성과 자체가 좋은지 혹은 나쁜지에 대한 의견이라고 생각하기도 합니다. 그러나 그건 잘못된 생각입니다.

적정의견

공인회계사의 감사의견 중의 하나로, 재무제표가 회사의 재무상태와 경영성과를 정확히 반영하고 있다는 뜻이다

감사의견은 회사의 재무제표가 기업회계기준에 따라 재무상태와 경영성과를 정확하게 반영하고 있는지에 대해 제시하는 의견입니다. 쉽게 말하면 기업회계기준에 따라 적합하게 재무제표가 작성되고 있는지에 대한 의견

입니다.

따라서 감사의견으로서 적정의견은 재무상태의 건전성을 의미하는 것이 아니고, 재무제표가 회사의 재무상태와 경영성과를 정확히 반영하고 있다는 뜻입니다. 부적정의견은 재무제표가 전반적으로 회사의 재무상태, 경영성과와 불일치하는 경우이고, 한정의견은 재무제표의 일부가 불일치하는 경우로 보면 됩니다.

그리고 의견거절은 감사에 대한 합리적 증거물을 얻지 못하거나 기업존

㈜쌍용자동차의 2020년 분기검토보고서

의견거절의 근거

회사의 분기재무제표는 회사가 계속기업으로서 존속한다는 가정을 전제로 작성되었으므로, 회사의 자산과 부채가 정상적인 사업활동과정을 통하여 회수되거나 상환될 수 있다는 가정하에 회계처리 되었습니다. 그러나 분기재무제표에 대한 주석 36에서 설명하고 있는 바와 같이, 회사는 보고기간 종료일 현재 97,751백만원 영업손실과 192,896백만원 분기순손실이 발생하였습니다. 또한, 회사의 유동부채가 유동자산보다 576,748백만원 초과하고 있습니다.

이러한 상황은 계속기업으로서 그 존속능력에 유의적 의문을 제기하고 있습니다.
회사가 계속기업으로서 존속할 지의 여부는 주석36에서 설명하고 있는 부채상환과 기타 자금수요를 위해 필요한 자금조달 계획과 안정적인 경상이익 달성을 위한 재무 및경영개선 계획의 최종결과에 따라 좌우되는 중요한 불확실성을 내포하고 있습니다. 그러나 이러한 불확실성의 최종결과로 발생될 수도 있는 자산과 부채 및 관련 손익항목에 대한 수정을 위해 이를 합리적으로 추정할 수 있는 검토증거를 확보할 수 없었습니다.

의견거절

본인의 검토결과 위 문단에서 설명하고 있는 사항이 상기 분기재무제표에 미치는 영향의 중요성 때문에 동 분기재무제표에 대한 검토의견을 표명하지 아니합니다.

출처: ㈜쌍용자동차 2020년도 1분기 분기보고서에 첨부된 분기검토보고서 중 일부

계속기업 가정

기업실체는 그 목적과 의무를
이행하기에 충분할 정도로 장
기간 계속해 존속해야 한다는
가정이다

워크아웃

부도 등으로 쓰러질 위기에 처
해 있는 기업 중에서 회생시킬
가치가 있는 기업을 살려내는
작업을 의미한다

립에 관계될 정도의 객관적 사항이 특히 중대한 경우 등으로 재무제표에 대한 의견을 표명할 수 없다는 뜻입니다.

감사의견 중 의견거절에 대한 사례로, ㈜쌍용자동차의 경우를 살펴보겠습니다.

우선 동사의 분기검토보고서 상에 기재된 감사의견을 보죠. 앞 페이지에서 붉은색 박스 부분이 감사의견입니다. 의견거절로 기재되어 있습니다. 한편 푸른색 박스 부분에 감사의견을 거절로 표명한 근거가 나와 있습니다.

여기에서 감사인은 '계속기업 가정*의 불확실성'을 근거로 재무제표에 대한 어떠한 의견표명을 거절한 것입니다. 분기검토보고서 상의 감사의견의 경우는 당장의 제재는 없겠지만, 향후 영업손실이 계속된다면 워크아웃* 신청이나 상장폐지 가능성이 커질 수 있으니 투자에 주의가 필요합니다.

투자자는 핵심감사사항을 체크하면 좋다

감사보고서에는 감사의견 이외에도 '핵심감사사항' 및 '강조사항' 등이 기재됩니다. 핵심감사사항은 재무제표 감사를 수행함에 있어 감사인이 가장 의미있는 사항으로 꼽은 것입니다. 즉 감사인이 재무제표 항목 중에 합

㈜카카오의 2019년 연결감사보고서 중 '핵심감사사항'

핵심감사사항

핵심감사사항은 우리의 전문가적 판단에 따라 당기 연결재무제표 감사에서 가장 유의적인 사항들입니다. 해당 사항들은 연결재무제표 전체에 대한 감사의 관점에서 우리의 의견형성 시 다루어졌으며, 우리는 이런 사항에 대하여 별도의 의견을 제공하지는 않습니다.

가. 검색 및 모먼트광고 수익의 인식 (중략)

나. 인터넷포털서비스 및 기타서비스 현금창출단위 및 음악서비스 현금창출단위 영업권 손상

핵심감사사항으로 결정한 이유

2019년 12월 31일 현재 인터넷포털서비스 및 기타서비스 현금창출단위의 영업권은 1,081,856백만원이고 음악서비스 현금창출단위의 영업권은 868,551백만원입니다 (주석 19 참조). 연결회사는 상기 영업권에 대하여 할인된 현금흐름법 등에 근거한 사용가치계산을 활용해 손상검사를 수행하였습니다(주석 3 참조).
상기 영업권 금액의 규모가 (1,950,407백만원) 유의적이며, 사용가치는 할인율, 성장률 및 미래현금흐름 예측 등 회사 경영진의 유의적인 판단과 추정이 수반되는 점을 고려하여 우리는 상기 영업권 관련 회계처리를 핵심감사사항으로 판단하였습니다.

핵심감사사항이 감사에서 다루어진 방법

연결회사의 상기 영업권 손상평가에 대하여 우리가 수행한 주요 감사절차는 다음과 같습니다.

· 영업권 손상 회계처리 관련 회사의 정책, 프로세스 및 내부통제의 이해
· 경영진이 사용가치 추정에 사용한 가치평가 모델의 적절성을 평가
· 연결회사가 활용한 외부전문가의 적격성 및 독립성 평가
· 경영진의 손상 검사를 위한 미래현금흐름 추정 및 평가에 대한 검토 및 승인에 대한 내부통제평가
· 미래 현금흐름 추정이 경영진에 보고된 사업계획에 근거하여 합리적으로 산정되었는 지 평가
· 사용가치 추정에 사용된 주요 가정의 합리성 평가
· 주요 가정의 변경이 손상 평가에 미치는 영향을 평가하기 위해 경영진이 수행한 할인율 및 영구성장률에 대한 민감도 분석결과 평가

출처: ㈜카카오의 2019년 사업보고서에 첨부된 연결감사보고서 중 일부

영업권 손상

영업권의 공정가치(회수가능금액)가 장기간 회복불가능하다고 판단되는 경우 영업권이 손상되었다고 한다

리적 증거를 수집하기 위해 많은 노력을 기울인 항목이라 볼 수 있습니다. 적정이나 부적정 등 의견을 떠나 감사인이 중요하게 살펴본 항목이라 보면 됩니다.

앞 페이지의 ㈜카카오의 연결감사보고서 중 핵심사항을 보죠.

감사인은 핵심감사사항을 가, 나 순으로 기재하고 있습니다. 예를 들어 '나'항을 보면, 감사인이 영업권 손상* 관련 회계처리를 핵심감사사항으로 표기했습니다. 이와 관련해 감사인이 합리적 감사증거를 확보하기 위해 많은 시간과 노력을 투입했음을 말해줍니다. 따라서 투자자는 재무제표 항목 중에 영업권과 관련된 부분을 체크하면 좋습니다.

강조사항은 감사인이 투자자에게 참고하라고 기재한 것이다

핵심감사사항 외에 특히 감사인이 강조하는 강조사항이 있습니다. 강조사항은 감사의견에는 영향을 미치지 않는 사항으로, 감사인이 판단하기에 재무제표 이용자가 주의를 기울일 필요가 있는 사항입니다. 그런데 모든 기업의 감사보고서에 이들 강조사항을 기재하는 것은 아니고, 이를 기재할지 말지는 감사인의 선택사항입니다.

일단 감사보고서에 강조사항이 보이면, 이는 투자자에게 매우 중요한 사항임은 분명합니다. 예를 들어, 아주 흔한 경우가 '계속기업가정에 관한 중

㈜XX반도체의 2019년 감사보고서 중 '강조사항'

강조사항

감사의견에는 영향을 미치지 않는 사항으로서 이용자는 다음 사항들에 주의를 기울여야 할 필요가 있습니다.

(1) '코로나바이러스감염증-19(COVID 19)'의 확산에 따른 재무적 영향

회사의 주석39에 기술되어 있는 바와 같이 2020년 초 '코로나바이러스감염증-19'의 확산 우려로 인한 국내 경기 침체 영향으로 회사의 매출채권의 회수가능성, 재고자산및 유무형자산의 손상, 이연법인세자산의 실현가능성사업 등과 관련된 불확실성이 클 수 있습니다. 그러나 위에서 언급한 전반적으로 어려운 경제상황이 회사의 재무상태에 미칠 궁극적인 영향은 현재로서는 측정할 수 없으며 회사의 재무제표는 이로 인한 영향이 반영되지 아니하였습니다.

계속기업 관련 중요한 불확실성

재무제표에 대한 주석 42에 주의를 기울여야 할 필요가 있습니다. 재무제표에 대한 주석 42은 2019년 12월 31일로 종료되는 보고기간에 영업손실 2,007백만원 및 당기순손실 2,437백만원이 발생하였고, 재무제표일 현재로 기업의 유동부채가 유동자산보다 9,829백만원 만큼 초과하며, 총부채가 총자산을 2,130백만원 만큼 더 많음을나타내고 있습니다. 주석 42에서 기술된 바와 같 이, 이러한 사건이나 상황은 주석42에서 설명하고 있는 다른 사항과 더불어 계속기업으로서의 존속능력에 유의적 의문을 제기할 만한 중요한 불확실성이 존재함을 나타냅니다. 우리의 의견은 이 사항으로부터 영향을 받지 아니합니다.

출처: ㈜XX반도체의 2019년 사업보고서에 첨부된 감사보고서 중 일부

요한 불확실성'이 기재되는 경우입니다.

오른쪽의 화면은 외부감사 대상기업인 ㈜XX반도체의 2019년 감사보고서에 기재된 강조사항의 일부입니다.

이중 투자자들은 특히 '계속기업 관련 중요한 불확실성'에 주목해야 합니다(푸른색 박스 부분). 동사에 대한 감사의견은 적정의견이지만, 감사인이 재무제표 이용자에게 동사가 계속기업으로서의 존속능력에 유의적 의문이 있다는 사실을 알려주고 있습니다.

이러한 '계속기업 관련 중요한 불확실성'은 생각보다 많은 기업들의 감사보고서에 기재되고 있습니다. 대부분의 투자자들이 감사보고서의 강조사

항을 살펴보지 않는데, 이중 '계속기업 관련 중요한 불확실성'은 반드시 확인할 필요가 있습니다. 동사항을 제때에만 확인하면 막대한 손실을 미연에 막을 수 있습니다.

 재무제표 초보자를 위한 꿀팁!

투자자는 감사보고서 상의 부정적, 의견거절, 한정의견에 주의해야 합니다. 무엇보다 강조사항에 '계속기업 관련 중요한 불확실성'이 기재되어 있다면 무조건 도망가야 합니다. 이를 제때에만 확인한다면 막대한 손실을 미연에 막을 수 있습니다.

주가는 재무제표와 실적을
분명히 대변한다!

　여러분이 주식투자자라면 투자철학과 방식에 상관없이 재무제표와 실적을 읽어낼 수 있어야 합니다. 주가는 재무제표와 실적을 분명히 대변합니다. 그러한 진실을 애써 외면하고 기업이 '장사를 잘하는지'에 대한 아무런 관심 없이 오직 주식매매만 임하겠다면 그건 용기가 아닙니다. 그저 도박에 몰입하고 있을 뿐입니다.

　주식용어를 익히고 증권사 HTS를 다루는 방법을 익히기에도 무지 바쁜 주린이라면 투자를 시작하기 이전에 할 일이 있습니다. 미처 재무제표를 알기에는 너무나 바쁘다는 말은 핑계에 지나지 않습니다. 그 무엇보다도 앞서 재무제표 사용법을 익혀야 합니다.

　재무제표를 모르고 주식투자를 한다는 것은 전쟁에서 안대로 눈을 가리고 전투를 하는 병사와 다름없습니다. 혹시 여러분이 주린이라면, 전쟁에 처음 나간 병사가 안대로 눈을 가리고 전투를 수행하는 모습을 상상해보기 바랍니다!

여러분은 이 책을 읽고 난 후, 이 책이 공부만을 위한 재무제표책이 아님을 분명히 알 수 있었을 것입니다. 많은 회계와 재무제표책은 그저 힘겨운 회계공부의 길로 인도해줄 수 있어도 주식투자자에게 별 도움이 되지 못하기 십상입니다. 왜냐하면 회계와 재무제표 자체가 오직 주식투자자만을 위한 정보가 아니기 때문입니다.

그러나 주식투자자는 자신에게 필요한 정보만을 재무제표에서 얻으면 됩니다. 그렇지만 기존의 재무제표책만 봐서는 주식투자자에게 절실한 재무제표 정보가 무엇인지를 알기가 쉽지 않았을 것입니다.

이 책을 통해 주식투자자가 주식시장에서 살아남을 수 있도록, 재무제표라는 강력한 무기의 사용법을 알려주고자 했습니다. 제대로 된 사용법은 바로 주식투자자가 꼭 봐야 할 재무제표의 중요한 항목들을 읽는 요령을 습득하는 것입니다.

필자는 여러분이 주식투자자로서 재무제표에 언제든 접근하여 이를 손쉽게 이용할 수 있도록 친절히 설명하고자 했습니다. 이 책의 내용을 크게 요약하면 다음과 같습니다.

1장 '주린이라면 꼭 알아야 할 재무제표 기초'에서는 도대체 각 재무제표와 재무제표의 세부항목이 무엇을 말하는지를 알기 쉽게 풀어 설명했습니다. 물론 회계를 일절 몰라도 될 것입니다. 2장 '기업의 실적이 좋은지를 알고 싶어요'에서는 주식투자자가 꼭 알아야할 재무제표 용어를 포함해 손쉽게 재무제표에 접근해서 기업의 실적을 읽는 요령을 살펴보았습니다.

3장 '돈 되는 종목을 고르고 싶어요'에서는 앞서 익힌 재무제표를 보는 요령을 가지고, 이제는 기업이 장사를 잘하고 있는지를 제대로 체크하고 급등주를 정확히 집어내는 방법을 알아보았습니다.

4장 '나쁜 기업을 피해가고 싶어요'에서는 주식투자자들이 가짜 실적에 속고 나쁜 기업에 현혹되어 많은 투자 실패를 반복하는 것을 미연에 방지하는 방법에 대해 살펴보았습니다. 5장 '주식의 저평가·고평가는 뭘 보고 판단하나요?'에서는 재무제표의 세부항목들을 이용한 PER와 PBR 등 주가지표를 통해 주가의 고평가 혹은 저평가를 판단하는 방법을 살펴보았습니다. 6장 '알쏭달쏭한 회계처리들'에서는 기업의 실적에 지대한 영향을 주는 회계처리를 살펴봄으로써 주식투자자들이 투자 종목의 실적 이슈에 두려움 없이 접근할 수 있도록 도움을 주었습니다. 물론 알쏭달쏭한 회계처리들을 다루었지만 결코 사전적 회계지식이 없어도 충분히 이해할 수 있도록 설명했습니다.

필자의 전작 『재무제표를 알면 오르는 주식이 보인다』에 일관되게 보여준 내용은 '재무제표를 제대로만 보면 주가는 보인다'는 사실입니다. 여러분이 주식투자자로서, 필자와 함께 이번 책을 통해 그리도 어렵다는 재무제표와 실적에 제대로 접근해 활용할 수 있다면 저자로서 더할 나위없는 기쁨이 되겠습니다.

양대천

■ 독자 여러분의 소중한 원고를 기다립니다

메이트북스는 독자 여러분의 소중한 원고를 기다리고 있습니다. 집필을 끝냈거나 집필중인 원고가 있으신 분은 khg0109@hanmail.net으로 원고의 간단한 기획의도와 개요, 연락처 등과 함께 보내주시면 최대한 빨리 검토한 후에 연락드리겠습니다. 머뭇거리지 마시고 언제라도 메이트북스의 문을 두드리시면 반갑게 맞이하겠습니다.

■ 메이트북스 SNS는 보물창고입니다

메이트북스 유튜브 bit.ly/2qXrcUb

활발하게 업로드되는 저자의 인터뷰, 책 소개 동영상을 통해 책에서는 접할 수 없었던 입체적인 정보들을 경험하실 수 있습니다.

메이트북스 블로그 blog.naver.com/1n1media

1분 전문가 칼럼, 화제의 책, 화제의 동영상 등 독자 여러분을 위해 다양한 콘텐츠를 매일 올리고 있습니다.

메이트북스 네이버 포스트 post.naver.com/1n1media

도시 내용을 재구성해 만든 블로그형, 카드뉴스형 포스트를 통해 유익하고 통찰력 있는 정보들을 경험하실 수 있습니다.

STEP 1. 네이버 검색창 옆의 카메라 모양 아이콘을 누르세요.   STEP 2. 스마트렌즈를 통해 각 QR코드를 스캔하시면 됩니다.
STEP 3. 팝업창을 누르시면 메이트북스의 SNS가 나옵니다.